Queen
ELIZABETH II

∽ LEBENSWEISHEITEN ≈

*Wie man in absolut jeder Lebenslage
Stil und Etikette bewahrt*

Queen ELIZABETH II

∿ LEBENSWEISHEITEN ≈

*Wie man in absolut jeder Lebenslage
Stil und Etikette bewahrt*

KAREN DOLBY

Lifestyle
**BUSSE
SEEWALD**

Die Autorin
Karen Dolby lebt als freie Redakteurin und Autorin in Südlondon.
Sie veröffentlichte zahlreiche Bücher, unter anderem auch über die
britische Königsfamilie und Königin Elizabeth II.

Für die deutsche Ausgabe:
Übersetzung aus dem Englischen: Birgit van der Avoort, Havixbeck
Produktmanagement und Lektorat: Kristin Albert, Sonja Fakler, Laila Prota
Covergestaltung: Sandra Preinl
Layout: K. DESIGN, Winscome, Somerset (UK)
Satz: Arnold & Domnick, Leipzig
Druck und Bindung: BALTO print, Litauen

© Lifestyle BusseSeewald in der frechverlag GmbH, Dieselstr. 5,
70839 Gerlingen, einem Unternehmen der Penguin Random
House Verlagsgruppe GmbH, München

Die Originalausgabe erschien 2019 unter dem Titel *Queen Elizabeth II's
Guide to Life* bei Michael O'Hara Books Limited, London.

3. Auflage 2022

ISBN: 978-3-7724-7282-4 • Best.-Nr. 7282

MIX
Papier aus verantwor-
tungsvollen Quellen
FSC® C107574

Penguin Random House
Verlagsgruppe
FSC® N001967

Inhalt

Einleitung

Für viele Menschen ist Königin Elizabeth II. die Monarchie, die Personifizierung all dessen, was für das das Königshaus in der modernen Welt steht. Sie regiert bereits länger als jeder andere Monarch in der britischen Geschichte und hat seit ihrer ersten Auslandsreise 1947 nach Südafrika mehr als 120 Länder besucht, und so über eine Million Meilen zurückgelegt und mehrfach den Globus umrundet. Sie reiste kreuz und quer durch Großbritannien. Als ein Vorbild an Diplomatie hat sie als Botschafterin und Staatsfrau agiert und avancierte so zum Gesicht Großbritanniens. Sie hat Staatsoberhäupter und einfache Bürger getroffen, blieb dabei stets die Ruhe in Person; verband Prunk und Pomp jahrhundertealter Traditionen mit echter Herzenswärme und dem ihr eigenen Charme. Sie ist eine der berühmtesten Frauen der Welt, doch in ihrem Herzen ist sie Mutter und Großmutter, die die Natur, ihre Pferde und Hunde liebt und ein wenig Klatsch als durchaus inspirierend empfindet.

Mit sanfter Autorität lässt die Königin ihre Pflichten einfach aussehen, doch das war nicht immer so. Bis zum Alter von zehn Jahren, als ihr Onkel König Edward VIII. abdankte, hatte sie nie damit gerechnet, einmal Monarchin zu werden. Durch den frühen Tod ihres Vaters musste Elizabeth noch vor ihrem 26. Geburtstag den Thron besteigen. Ein gewaltiger Lernprozess für die von Natur aus bescheidene und schüchtern auftretende Prinzessin, die eigentlich „einen Bauern heiraten" und „viele Kühe, Pferde und Kinder" haben wollte. Trotz ihrer Jugend überraschte sie erfahrene Staatsmänner wie Winston Churchill und Harold Macmillan mit ihrer Sicherheit und Haltung. Sie besaß ein gutes Gedächtnis und hatte einen Blick für Details. Und sie lernte schnell. Sir Alan „Tommy" Lascelles, ihr erster Privatsekretär, als sie Königin wurde, dachte schon damals, dass „die Menschen lange Zeit nicht erkennen werden, wie intelligent sie wirklich ist … bis dies irgendwann zu einem allseits akzeptierten nationalen Faktum wird".

In den bisher siebenundsechzig Jahren ihrer Regentschaft haben sich das Land und die Welt grundlegend gewandelt. Königin Elizabeth II. blieb die einzige Konstante. Sie bemerkte einmal: „Ich bin die letzte Bastion der Normen und Werte". Aber auch sie hat lernen müssen, mit der neuen Ordnung umzugehen, das Beste der Moderne für sich zu nutzen und gleichzeitig an „Grundprinzipien" und „zeitlosen Idealen" festzuhalten.

Die Queen ist in einer einzigartigen Position. Unter ihrer Führung hat sich die Monarchie angepasst und weiterentwickelt. Sie erbte ihren Titel und die damit verbundenen Aufgaben in einer Zeit, als Großbritannien noch unter dem Einfluss der Rationierungen und Einschränkungen der Nachkriegszeit stand. Inzwischen ist ein neues Jahrtausend angebrochen und mit dreiundneunzig Jahren geht die Königin noch stets ihren Aufgaben nach, erfüllt noch stets ihre Pflicht und ist zweifelsohne Karrierefrau und eine der bekanntesten Weltlenkerinnen in einem.

Direkt, pragmatisch, mutig, beeindruckend und würdevoll sind nur einige der Adjektive, mit denen die Monarchin oft beschrieben wird. Das breite Lächeln und die funkelnden Augen deuten auf viel Humor hin, eine Eigenschaft, die meist Familie und Freunden vorbehalten ist, doch in der Öffentlichkeit immer häufiger durchblitzt. Dieses Buch beschäftigt sich mit den Charakterzügen und Werten, die das Lebenskonzept der Königin geformt haben, sowie mit den Ereignissen und Beziehungen, die ihre Regentschaft geprägt haben.

1

Pflichtgefühl

Am 6. Februar 1952 wurde die fünfundzwanzigjährige Prinzessin Elizabeth durch den Tod ihres Vaters König George VI. zur Königin. Obwohl sich sein Gesundheitszustand beständig verschlechtert hatte, kam der Tod des sechsundfünfzigjährigen Monarchen für das Land sehr überraschend. Sechs Tage zuvor hatte er seine Tochter und ihren Ehemann am Flughafen London (später Heathrow) verabschiedet; sie hatten an seiner Statt die lang geplante königliche Reise nach Ostafrika, Australien und Neuseeland angetreten. Erstes Ziel war Kenia, wo sie nördlich von Nairobi in der Sagana Lodge Quartier bezogen; ein Hochzeitsgeschenk des kenianischen Volkes an das königliche Paar. Sie verbrachten eine Nacht in Treetops, einem großen Baumhaus in einem riesigen Feigenbaum im Aberdare-Nationalpark. Dort beobachteten sie vom Aussichtspunkt aus am Nachmittag und Abend die Tierwelt. Während ihres Aufenthalts in Treetops verstarb der König, doch erst am nächsten Tag, nach ihrer Rückkehr zur Sagana Lodge, erfuhr Prinzessin Elizabeth von seinem Tod.

Prinz Philip erhielt die Nachricht als Erster, und es war an ihm, sie seiner Frau zu überbringen. Später wurde sie von ihrer Kusine Lady Pamela Mountbatten getröstet: „In der ihr eigenen Art ... dachte sie daran, was jeder zu tun hatte. Bezeichnenderweise sagte sie: „Oh, danke. Es tut mir so leid, aber es bedeutet, dass wir nach England zurückkehren müssen und die Pläne von allen durchkreuzt werden.“

Namen sind Schall und Rauch

Eine der ersten Fragen, die sich nach dem Tod des Königs stellten, war die nach dem Namen der neuen Königin, durchaus nicht unüblich für ein Mitglied des Königshauses. Der erste Vorname ihres Vaters war Albert – Familie und Freunde nannten ihn Bertie – und George war eigentlich sein vierter Vorname.

Vor der Abreise der königlichen Gesellschaft aus Kenia hatte ihr Privatsekretär Martin Charteris gefragt: „Wie werden Sie sich zukünftig nennen?" Elizabeth hatte direkt geantwortet: „Natürlich mit meinem eigenen Namen. Wie sonst?" Es wurde vereinbart, dass sie Elizabeth II. werden sollte, in Nachfolge der Tudor-Monarchin Elizabeth I. und als Abgrenzung zu Königin Elizabeth, der Königinmutter.

Ein neues elisabethanisches Zeitalter

Knapp eine Woche nach ihrer Abreise aus Großbritannien traf die neue Königin am Abend des 7. Februar wieder am Flughafen London ein. Eine traurige Gesellschaft schritt die Stufen herab, um von Premierminister Winston Churchill, Außenminister Anthony Eden, Oppositionsführer Clement Atlee und anderen hochrangigen Politikern empfangen zu werden.

Später im Clarence House knickste ihre vierundachtzigjährige Großmutter Königin Mary vor ihr und küsste ihre Hand, in Umkehrung ihrer bekannten Rollen. Doch die Königinwitwe konnte sich die Bemerkung nicht verkneifen: „Lilibet, dein Rock ist für die Trauerzeit viel zu kurz."

Am nächsten Tag hielt Königin Elizabeth II. ihren ersten Privy Council im St James's Palace ab, auf dem sie ihre Thronbesteigungserklärung verlas:

> Durch den plötzlichen Tod meines lieben Vaters bin ich berufen, die Pflichten und Aufgaben des Regenten zu übernehmen … Mein Herz ist übervoll, sodass ich Ihnen heute nur sagen möchte, dass ich, genau wie es mein Vater in seiner Regentschaft stets getan hat, die verfassungsmäßige Regierung immer wahren und Glück und Wohlstand meines Volkes mehren will … ich bitte, dass Gott mir helfen möge, diese schwere Aufgabe, die mir so früh in meinem Leben auferlegt wurde, würdig auszuführen.

Privat schrieb die Königinmutter an Königin Mary: „Ich mag nicht daran denken, dass Lilibet in ihren jungen Jahren diese Last zu tragen hat."

Sie war nicht die einzige, die sich wegen der Jugend der Königin sorgte. Der Premierminister war beunruhigt, da er die junge Königin nicht kannte und sie nicht viel älter als ein Kind war. Doch Churchill musste bald erkennen, dass er die junge Monarchin unterschätzt hatte.

Laut Martin Charteris, „war er von ihr beeindruckt. Sie war pflichtbewusst, gut informiert und ernsthaft interessiert. Schon kurz nach ihrer Thronbesteigung empfing sie Premierminister und Präsidenten, Botschafter und Hohe Kommissare ... und all das absolut tadellos."

Als sie vierzig Jahre später auf diese Zeit zurückblickte, äußerte sich die Königin: „Es kam alles sehr plötzlich ... ich musste es so annehmen und das Beste daraus machen. Man reift durch die Arbeit, die man tut, und indem man akzeptiert, dass man an diesem Platz steht, dass es das Schicksal ist, denn ich glaube, dass Kontinuität wichtig ist."

Die Krönung

Obwohl sie in dem Moment des Todes ihres Vaters Königin wurde, wurde Elizabeth erst durch die Krönungsfeier in der Westminster Abbey offiziell gekrönt und mit den Insignien der Macht ausgestattet. Diese Zeremonie findet üblicherweise einige Monate nach dem Tod eines Monarchen statt, um eine Trauerzeit zuzulassen, doch in diesem Fall wurde entschieden, die Krönungsfeier um ganze sechszehn Monate zu verschieben, um ausreichend Zeit für die aufwendigen Vorbereitungen zu haben.

Westminster Abbey wurde für die Öffentlichkeit ab dem 1. Januar 1953 geschlossen und in den kommenden fünf Monaten wurde das Gebäude hergerichtet, um Platz für Tausende von Gästen sowie für Fernsehkameras zu schaffen, denn man hatte entschieden, die ganze Zeremonie, abgesehen von der Salbung, zu filmen. John-Brooke-Little, Mitarbeiter des Krönungsstabs des Earl

Marshals, erklärte: „Es gab so viel zu tun, denn schließlich hatte seit der Zeit von Königin Anne keine Krönung eines verheirateten Regenten mehr stattgefunden. Es gab kaum Präzedenzfälle … Wir mussten auch das Fernsehen berücksichtigen und die gesamte Abbey musste zu einer Art Theater umgebaut werden."

Am 2. Juni 1953, dem Tag der Krönung, saßen mehr als 8.000 Gäste in der Westminster Abbey, während von den 36 Millionen Briten schätzungsweise 27 Millionen am Fernseher, die teilweise extra dafür angeschafft worden waren, zusahen und weitere elf Millionen der Radioübertragung folgten. Weltweit sahen und hörten weitere Millionen Menschen die Zeremonie. *The Times* berichtete: „Dann erschien jung und anmutig die Königin, die Hände regungslos vor dem Körper gefaltet und mit einem Lächeln die ehrbezeugenden Knickse und Verbeugungen würdigend. Sie lief entspannt und langsam, mit erhobenem Haupt, und schritt, ganz Königin, zu ihrer Weihe."

Später, nach Pomp und Zeremonie, atmete man im Buckingham-Palast sichtlich auf. „Wir liefen den Gang entlang und nahmen gemeinsam auf dem Sofa Platz", so Anne Glennconner, eine der sechs ausgewählten Krönungs-Ehrendamen, die sich an die entspannte Atmosphäre erinnerte. „Die Königin sagte: ‚Oh, das war großartig. Nichts ging schief!' Wir alle mussten lachen."

Draußen endete der Tag mit Feuerwerken und Tänzen auf der Straße. In einer Radioausstrahlung äußerte sich Winston Churchill: „Wir haben einen Tag erlebt, den die Ältesten unter uns voller Stolz miterleben durften und an den sich die Jüngeren noch ihr ganzes Leben erinnern werden."

Am Abend sprach die frisch gekrönte Königin über den Äther zum britischen Volk und gelobte: „Ich verpflichte mich aufrichtig, Ihnen zu dienen, so wie Sie mir versprechen, mir zu Diensten zu sein. Mein ganzes Leben und mit ganzem Herzen werde ich danach streben, mich Ihres Vertrauens würdig zu erweisen."

Lebenslange Verpflichtung

Schon früh in ihrer Regentschaft vertraute sich die junge Elizabeth dem Dekan von Windsor an: „Mein Vater sagte mir, ich müsste immer daran denken, dass, egal, was ich jemals zu jemandem sagte oder jemandem antue, man sich daran erinnern werde." Schon als Prinzessin war sie sich ihrer Pflicht bewusst und war entschlossen, diese nach besten Kräften zu erfüllen. Sie wusste, dass es ihre Aufgabe war, volles Engagement zu zeigen, eine Lebensaufgabe. Wenn sie sich daran erinnern musste, dann reichte ihr ein Blick auf ihren vollständigen Namen: „Ihre Majestät Elizabeth die Zweite, von Gottes Gnaden Königin des Vereinigten Königreiches Großbritannien und Nordirland und ihrer anderen Königreiche und Territorien, Oberhaupt des Commonwealth, Verteidigerin des Glaubens" – eine gewaltige Aufgabe, bei der man mehr als genug zu tun hat, um ihr gerecht zu werden.

Im Dankgottesdienst in der St.-Pauls-Kathedrale, anlässlich ihres silbernen Thronjubiläums 1977, bekräftigte die Königin erneut eines ihrer Versprechen, die sie in jungen Jahren gemacht hatte. „Mit einundzwanzig hatte ich mich verpflichtet, meinem Volk zu dienen und dazu Gottes Hilfe angefleht. Obgleich ich dieses Versprechen in meinen unbekümmerten jungen Jahren abgegeben habe, als mein Urteil noch naiv zu nennen war, bedauere oder widerrufe ich keines meiner Worte."

Als er gefragt wurde, wer der beeindruckendste Mensch war, den er jemals getroffen hatte, zögerte der frühere Premierminister von Neuseeland Sir John Key keine Sekunde: „Die Königin." Und warum? „Sie bekommen, was Sie sehen. Zudem ist sie eine unermüdliche Arbeiterin. Als Premierminister arbeiten Sie schrecklich viel, aber Sie wurden gewählt, das zu tun. Wenn Ihre Zeit vorbei ist, dann ist sie wirklich vorbei … Für die Königin ist es eine lebenslange Hingabe. Es ist ein lebenslanger Dienst."

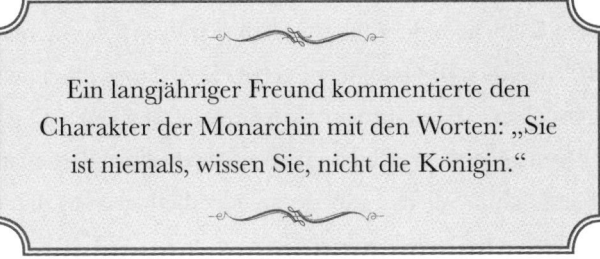

Ein langjähriger Freund kommentierte den Charakter der Monarchin mit den Worten: „Sie ist niemals, wissen Sie, nicht die Königin."

Großmutters Weisheit

Königin Mary spielte eine entscheidende Rolle in der Ausbildung ihrer Enkelin und besuchte mit Elizabeth und ihrer jüngeren Schwester Margaret Museen und Galerien. Sie empfahl ihnen anspruchsvolle Lektüre und ermutigte die jungen Prinzessinnen, als „wunderbare Gedächtnisübung", Gedichte auswendig zu lernen. Davon hat Elizabeth Zeit ihres Lebens profitiert. Prinzessin Margaret bekannte später, dass sie ihre strenge und formelle Großmutter „wirklich furchteinflößend" fand und widersetzte sich ihrem Drängen auf Einhaltung des strengen höfischen Protokolls, das besagte, dass sie vor ihrer Großmutter jedes Mal knicksen mussten, wenn sie sie trafen.

Deborah Mitford, die Herzogin von Devonshire, erinnerte sich, dass „Königin Mary Tiaras trug, als wären es Hauben, als wären sie Teil ihrer Person." Und, in der Tat, Königin Mary trug jeden Abend zum Dinner eine Tiara, selbst wenn keine Gäste zugegen waren.

Prinzessin Margaret mag ihre Großmutter als eine echte Herausforderung erfahren haben, doch Elizabeth nahm sich ihre Lektionen zu Herzen. Es war Königin Mary, die ihr nahelegte, dass ein Lächeln in der Öffentlichkeit unangebracht sei, und die es als Tugend sah, Gefühle zu verstecken. Trotz ihrer äußerst traditionellen Einstellung war die Königinwitwe neuen Theorien und Ideen gegenüber offen und interessierte sich leidenschaftlich für Geschichte. All das gab sie an Elizabeth weiter, die klug, ausgeglichen und wissbegierig war.

„Geschichte ist für diese Kinder genauso wichtig wie Rechnen", instruierte Königin Mary die Gouvernante der Prinzessinnen, Marion Crawford. „Sie sind nicht wie andere Kinder." Als die junge Elizabeth jedoch bei einem Konzertbesuch auf „all die Menschen, die draußen warten, um uns zu sehen" hinwies, sorgte ihre Großmutter dafür, dass sie als Strafe für scheinbare Wichtigtuerei direkt nach Hause geschickt wurde. Sie betonte, dass die Pflicht immer an erster Stelle stehen müsse, und in ihrer Enkelin und Thronerbin traf Königin Mary auf jemanden, der genauso hart arbeitete und engagiert und fokussiert war, wie sie selbst.

Königin Mary zweifelte nie an den Fähigkeiten ihrer Enkelin und erkannte ihren loyalen, standhaften Charakter und die leise, unerschrockene Art, und wusste, dass sich hinter dem ruhigen Äußeren die entschlossene Hingabe von jemandem verbarg, die genau wusste, was sie wollte. Das überzeugte Königin Mary, dass Prinzessin Elizabeth im Alter von 20 Jahren alt genug war, sich für den Mann zu entscheiden, den sie heiraten wollte: „Sie wird ihr Herz nicht leichtfertig hergeben, doch wenn, dann wird es für immer sein. Es passiert manchmal, dass man sich jung verliebt und dass dieses Gefühl ein Leben lang anhält. Elizabeth ist so ein Mädchen. Sie wird immer wissen, was sie will. Sie hat diese Unerschütterlichkeit und Entschlossenheit – genau wie ihr Vater."

Ein Partner fürs Leben

Prinzessin Elizabeth verliebte sich in den achtzehnjährigen Prinz Philip von Griechenland, als sie gerade dreizehn Jahre alt war und er ein schnittiger junger Seekadett. Ihre Kusine Margaret Rhodes schrieb: „Sie sah niemals jemand anderen an." Das Paar heiratete acht Jahre später im November 1947.

Mit der Wahl ihres Ehemanns und Prinzgemahls fand Elizabeth den perfekten Partner. Philip stand ihr fast siebzig Jahre bei allen wichtigen Ereignissen und Staatsbesuchen zur Seite und erfüllte bis zu seinem letzten alleinigen öffentlichen Auftritt im August 2017 und seiner anschließenden Pensionierung mit sechsundneunzig Jahren seine Pflicht mit großer Würde. Kurz nachdem seine Frau Königin wurde, erklärte der Prinz seinem ersten Privatsekretär Michael Parker: „Meine erste, zweite und letzte Aufgabe ist es, die Königin nie im Stich zu lassen." Bei der Krönung war der Prinz der Erste, der ihr seine Ehrerbietung erwies und versprach: „Ich, Philip, Herzog von Edinburgh, werde zu Eurem Lehnsmann mit Leib und Leben", und er hat diesen Eid seitdem gehalten.

> Als er kurz vor seinem neunzigsten Geburtstag gefragt wurde, für was er gern in Erinnerung bleiben würde, war Prinz Philip kurz ratlos. Was ihn betraf, so hatte er nur seine Pflicht getan: „Ich bezweifle, dass ich etwas erreicht habe, für das man mich in Erinnerung behalten wird."

Im Dezember 2000 äußerte er sich zu seiner Rolle, als er bei einem Presselunch in London mit amerikanischen Journalisten sprach: „Ich bin, so glaube ich, ein Pragmatiker. Ich meine, ich bin hier, und ich kann es am besten akzeptieren, wie es ist. Man kann nicht ständig sagen ‚Was wäre, wenn?' Man kann nicht sein ganzes Leben damit verbringen, andere Menschen zu beneiden oder sich zu wünschen, jemand anderes zu sein."

Die Königin ihrerseits würdigte das Pflichtgefühl ihres Mannes bei einem Mittagessen im Banqueting House in Whitehall anlässlich ihrer goldenen Hochzeit am 20. November 1997: „Er ist jemand, der Komplimente nicht leicht annimmt, doch er ist in all den Jahren stets meine Kraft und mein Halt gewesen und ich, meine Familie und dieses und viele andere Länder schulden ihm viel mehr, als er jemals für sich beanspruchte oder wir je wüssten."

Eine Vielzahl königlicher Pflichten

Jeden Tag, einmal abgesehen von Weihnachten und Ostern, widmet sich die Königin ihren roten ledernen Versandboxen mit offiziellen Regierungspapieren, egal, ob sie im Land weilt oder in der Welt unterwegs ist. In den ersten Jahren ihrer Herrschaft, so schätzte ihr zweiter Privatsekretär Sir Michael Adeane, dass sie täglich mindestens zwei Stunden damit verbrachte, Papiere intensiv zu studieren und häufig bis spätabends arbeitete. An einem Wochenende mit Freunden erklärte die Königin: „Ich muss meine Boxen durcharbeiten. Wenn ich nur eine auslasse, dann verstehe ich alles nicht mehr richtig."

Die Königin bestand zudem darauf, Briefe von ihrem Volk zu lesen, und sah sie als „persönliches Schreiben an mich. Die Menschen schreiben mir und denken, dass ich den Brief öffne und ihn lese." So bekam sie „eine Vorstellung davon, was die Menschen bewegt".

Bei einer Investiturzeremonie war die Königin besonders von einem Soldaten beeindruckt, dem sie eine Tapferkeitsmedaille verlieh. Als sie ihn für seinen Mut lobte, antwortete er lediglich: „Das habe ich nur meiner Ausbildung zu verdanken." Sie dachte kurz nach und antwortete: „Ich glaube, dass letzten Endes wahrscheinlich die Ausbildung die Antwort auf viele Dinge ist. Man kann so vieles schaffen, wenn man richtig ausgebildet ist. Und ich hoffe, dass ich das bin."

Während eines Staatsbesuches in Nigeria im Februar 1956 besuchten die Königin und Prinz Philip am Oji River eine Leprastation nahe Enugu, zu einer Zeit, als Leprakranke noch als Aussätzige behandelt wurden, auch jene, die geheilt waren. Die Königin hörte sich Reden an und schüttelte ehemals Erkrankten die Hand, was die Journalistin Barbara Ward zu folgenden Zeilen veranlasste: „Güte und Barmherzigkeit schimmern bei diesem

Schauspiel durch. Hier ist eine junge Königin, die geheilten nigerianischen Leprakranken die Hand schüttelt, um auch ängstliche Dorfbewohner zu beruhigen, die nicht an eine Heilung glauben."

Die Königin ist seit 1943 Mitglied der Ortsgruppe des Women's Institute in Sandringham und nach der Enthüllung der Gedenktafel zum hundertjährigen Bestehen des Ortvereins im Januar 2019 sagte sie: „Wir suchen nach neuen Antworten in unserer modernen Welt. Ich selbst bevorzuge die bewährten Rezepte, wie etwa gut voneinander zu sprechen und verschiedene Meinungen zu akzeptieren; zusammenkommen, um eine gemeinsame Basis zu finden, und niemals das große Ganze aus den Augen zu verlieren."

Über dem Gesetz

Für einen Monarchen gibt es verschiedene Regeln, die nicht für ihn gelten. Alle Mitglieder der königlichen Familie sind vom Freiheitsinformationsgesetz ausgenommen, doch die Königin ist der einzige Mensch auf der Welt, die zum Reisen keinen Reisepass benötigt. Alle Pässe sind in ihrem Namen ausgestellt, sodass es nicht nötig ist, dass sie einen Ausweis bei sich tragen muss. Sie braucht auch keinen Personalausweis oder einen Führerschein, ein Vorrecht, das nur für die Königin gilt.

Obgleich das Gesetz des Landes auch für die Königin gilt, erlaubt es keine strafrechtliche Verfolgung – „Zivil- und Strafverfahren können gegen die Monarchin als Person in Großbritannien nicht angestrebt werden". Das hieße, dass die Königin auch für einen Mord nicht belangt werden könnte. Glücklicherweise muss sie nicht daran erinnert werden, dass eine große Macht auch eine große Verantwortung mit sich bringt, und die offizielle königliche Website gibt an: „Die Königin achtet darauf, dass alle ihre Aktivitäten in ihrem Namen in strenger Übereinstimmung mit dem Gesetz stehen."

Fahrzeit

Genau wie die Königin zum Fahren keinen Führerschein braucht, so müssen ihre Autos auch kein Nummernschild haben, obwohl dies bei ihren privaten Fahrzeugen (im Gegensatz zu ihren Staatslimousinen) meist der Fall ist. Allerdings weiß Ihre Majestät nach ihrer Zeit beim Auxiliary Territorial Service (ATS; Frauenabteilung des britischen Heeres) im Zweiten Weltkrieg, wie man einen platten Reifen wechselt und ein Auto oder einen Lastwagen wartet. So verliebt war die Prinzessin in ihre neu erworbenen Fertigkeiten als Mechanikerin, dass sie ihre Begeisterung mit nach Hause zu ihrer Familie trug, wie ihre Mutter einmal trocken kommentierte: „Wir sprachen während des gesamten Abendessens von Zündkerzen."

Prinzessin Elizabeth ging im Frühling 1944 als Zuständige für Transportfahrzeuge zum ATS und lernte während der Ausbildung das Autofahren. Ihr Kompanieführer beschrieb sie als „sehr gute und extrem vorsichtige und umsichtige Fahrerin".

Das entspricht vielleicht nicht ganz der Beschreibung ihrer Fahrkünste, die Mitglieder ihrer Familie in jüngster Zeit geben würden. Ihre Kusine Margaret Rhodes ist nicht die Einzige, die äußerte, dass sie „wie ein geölter Blitz" fahre. Sie legt auch nie einen Sicherheitsgurt an. Obwohl es das Protokoll verlangt, dass sie auf den Fahrten zu öffentlichen Terminen gefahren wird, machte es der Königin einen Heidenspaß, selbst zu Familienfeiern zu fahren, vor allem während ihrer Aufenthalte auf Balmoral und Sandringham oder auf einem ihrer anderen Landsitze. Besucher im Windsor Great Park waren häufig überrascht, als sie entdeckten, dass es die Königin war, die da an ihnen vorbeiraste.

Der Königin machte es große Freude, Sir Sherard Cowper-Coles, dem 2003 neu ernannten britischen Botschafter in Saudi-Arabien, die Geschichte zu erzählen, wie sie den verstorbenen König Abdullah von Saudi-Arabien 1998 verschreckte. Es war während des ersten Besuchs des Kronprinzen auf Balmoral. Nach dem Mittagessen äußerte er den Wunsch, den schottischen Landsitz zu sehen. Mehrere Land Rover wurden vor den Eingang des Schlosses gefahren und Prinz Abdullah war ziemlich geschockt, als er die Königin als seine Fahrerin und Führerin hinter dem Lenkrad sitzen sah. Die Königin brauste los und beschleunigte. Sie schien das Unbehagen ihres Beifahrers nicht zu bemerken und plauderte, wies auf Sehenswürdigkeiten hin, nahm zwischendurch die Hände vom Lenkrad und sauste mit hoher Geschwindigkeit über die engen Straßen des Anwesens. Über seinen Dolmetscher bat Prinz Abdullah die Königin, etwas langsamer zu fahren. Doch sie fuhr ungerührt weiter. Sei es aus Solidarität zu den saudischen Frauen, denen das Autofahren zu der Zeit nicht erlaubt war oder weil es ihr privater Landsitz und ihre Wege waren und sie das Fahren liebte, und schließlich muss jeder noch so vernünftige Regent manchmal etwas Dampf ablassen.

> Nach Philips Entschluss, den Führerschein abzugeben und nicht mehr selbst zu fahren, kurz nachdem er im Januar 2019 in der Nähe ihres Hauses in Sandringham einen Unfall gehabt hatte, gab es Vermutungen, dass die Königin sich ebenfalls entschlossen hatte, wenn auch mit Widerwillen, im Alter von dreiundneunzig Jahren das Fahren auf öffentlichen Straßen aufzugeben.

Unterwegs

Es ist schwer vorstellbar, dass Mitglieder der Königsfamilie bei öffentlichen Auftritten nicht das Volk begrüßen und mit den Menschen reden. Doch es war Königin Elizabeth II., die mit der Tradition brach und dies als Norm einführte. Während eines Staatsbesuchs in Australien und Neuseeland im Jahr 1970 zusammen mit Prinz Philip bat sie, gern mit den gewöhnlichen

Menschen in der Menge sprechen und nicht nur Amtsleute treffen zu wollen. Das Experiment war ein voller Erfolg. Das „Bad in der Menge" ist seitdem fester Bestandteil königlicher Besuche in In- und Ausland.

Andere Mitglieder der königlichen Familie waren anfangs von dieser neuen Praxis weniger überzeugt. Die Tochter der Königin, Prinzessin Anne, konnte sich erst gar nicht damit anfreunden. Sie hat keine guten Erinnerungen an ihre ersten Erfahrungen: „Eine Neunzehnjährige steht plötzlich in der Mitte der Straße und ihr wird gesagt, sich jemanden auszusuchen und mit ihm zu reden. Ein Vergnügen? Nein, das würde ich nicht sagen. Eher eine Herausforderung."

Die jüngere Generation der Prinzen und ihre Ehefrauen sind mit mehr Begeisterung dabei. Kate, die Herzogin von Cambridge, scheint das Zusammentreffen mit den Menschen zu mögen und bekannte: „Das Bad in der Menge ist eine echte Kunst. Jeder in der Familie zieht mich auf, weil ich immer so lange stehen bleibe und quatsche. Ich muss noch einiges lernen und noch einige Ratschläge annehmen, denke ich."

Alles an einem Arbeitstag

Bei einem Termin im schottischen Lanarkshire näherte sich der königliche Wagen einer Reihe von Menschen, die die Königin und ihre Gesellschaft begrüßen wollten. Die Königin stieg aus und blickte sich um, um zu sehen, wo ihr Lord-Lieutenant blieb, denn er sollte die Formalitäten und die Vorstellung übernehmen. Unglücklicherweise kämpfte Lord Clydesmuir mit seinem Zeremonienschwert, das ihn beim Aussteigen behinderte. Da das Ganze länger dauerte, entschied die Königin, die Führung zu übernehmen und vorzugehen. Bei ihrem Eintreffen an der Reihe der Wartenden sagte sie: „Mein Lord-Lieutenant scheint Schwierigkeiten zu haben, aus dem Wagen zu steigen, sodass ich mich Ihnen besser selbst vorstellen kann. Ich bin die Königin."

Jedes Jahr lädt die Königin vierundzwanzig Ritter und weitere königliche Mitglieder des Hosenbandordens am sogenannten Garter Day zu einem Mittagessen und einer sich anschließenden Messe in der St. George's Chapel. Es ist ein historisches Ereignis, dessen Ursprünge bis ins Jahr 1384 zurückreichen. Die Mitglieder tragen zeremonielle blaue Samtroben und breitkrempige Hüte mit Federn. Da der Garter Day im Juni stattfindet, ist es in der schweren Tracht häufig drückend warm. „Wer auch immer die Robe erfunden hat … Praktisch ist sie auf jeden Fall nicht", bemerkte die Königin. „Selbst zu einer Zeit, als man noch eine derartige Kleidung trug, kann sie nicht praktisch gewesen sein."

Die Königin hat dafür gesorgt, dass zumindest ein Zugeständnis an die Zweckmäßigkeit gemacht wird: Die Mitglieder des Hosenbandordens schreiten in einer Prozession den Hügel herab zur Kapelle und steigen dann in Kutschen und Wagen, um wieder hinaufzufahren. So folgerte die Königin: „Es ist immer angenehmer, den Hügel hinunter- als hinaufzustapfen."

Eine Anhängerin der Popkultur

Die Königin hat im Laufe der Jahre die Drehorte verschiedener beliebter Fernsehshows und -Soaps besucht. Einer ihre letzten Besuche galt dem Set von *Game of Thrones* in Belfast. Dort sah sie den berüchtigten Eisenthron, lehnte aber dankend ab, dort Platz zu nehmen, mit den Worten: „Er sieht eher unbequem aus."

Sie und Prinz Philip schauen offenbar die Satireserie der BBC *Have I Got News For You*. Bei einer Rede auf dem Hay Literary Festival 2016 erzählt der Schauspieler Brian Blessed von einem Gespräch mit der Königin, kurz nachdem er die Sendung moderiert hatte. Sie bezog sich insbesondere auf die Geschichte über den Aufstieg zum Mount Everest und einige der weitaus grundsätzlichen Herausforderungen, mit denen er zu kämpfen hatte, sowie seiner Verwendung des überpiepsten „F-Worts". „Die Königin konnte sich gar nicht mehr einkriegen", berichtete Blessed. „[Sie sagte,] das war eine lustige Geschichte, die Sie über den Toilettenbesuch auf dem Everest erzählt haben, Mr. Blessed. Ich wollte Ihnen noch sagen, dass das Wort f++k aus dem Angelsächsischen kommt. Es bedeutet ‚den Samen zu verteilen'."

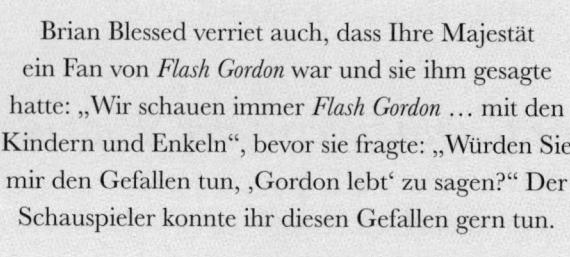

Brian Blessed verriet auch, dass Ihre Majestät ein Fan von *Flash Gordon* war und sie ihm gesagte hatte: „Wir schauen immer *Flash Gordon* ... mit den Kindern und Enkeln“, bevor sie fragte: „Würden Sie mir den Gefallen tun, ‚Gordon lebt‘ zu sagen?“ Der Schauspieler konnte ihr diesen Gefallen gern tun.

Grundprinzipien

Auf Anweisung von Prinz Philip wurden Kameras bei der Krönungsfeier in Westminster zugelassen, doch die Königin war in den ersten Jahren ihrer Regentschaft sehr skeptisch. Vor ihrer Reise in die USA im Oktober 1957 schrieb sie an den damaligen Premierminister Anthony Eden: „Das Fernsehen ist am allerschlimmsten, doch wenn man sich erst einmal daran gewöhnt hat, dann ist es nicht mehr so schrecklich wie im ersten Augenblick.“

Es war das Jahr, in dem sie sich entschloss, ihre alljährliche Weihnachtsansprache erstmalig im Fernsehen statt im Radio auszustrahlen. Die Königin übte das Lesen am Tele-Prompter und sah sich einen Lehrfilm eines BBC-Nachrichtensprechers an, doch trotz ihrer Vorbereitungen war sie nervös, wie sie eingestand: „Mein Mann scheint das Geheimnis entdeckt zu haben, wie man im Fernsehen entspannt bleibt. Ich mache mir Sorgen, denn ich habe dieses Geheimnis noch nicht entdeckt.“

Sie begann ihre historische Ausstrahlung von der Long Library auf Sandringham mit den Worten: „Vor fünfundzwanzig Jahren sendete mein Großvater die erste Weihnachtsansprache. Heute ist ein weiterer Meilenstein …" Sie fuhr fort: „Ich hoffe inständig, dass mit diesem neuen Medium meine Weihnachtsansprache persönlicher und direkter wird. Es lässt sich nicht vermeiden, dass ich vielen von Ihnen als weit entfernte Person erscheine. Eine Nachfolgerin von geschichtsträchtigen Königen und Königinnen: jemand, dessen Gesicht einem durch Zeitungen und Filme vertraut sein mag, die aber nie mit Ihrem Alltagsleben in Berührung kommt. Doch jetzt zumindest kann ich Sie einige Minuten im Frieden meines Hauses willkommen heißen."

Die Königin fuhr mit einer Würdigung der Natur und den Entwicklungsschritten in der Welt fort: „Dass einigen von Ihnen heute möglich ist, mich zu sehen, ist ein weiteres Beispiel für die Geschwindigkeit, mit der die Dinge um uns herum sich verändern. Es überrascht mich nicht, dass viele Menschen sich bei diesen Entwicklungen verloren fühlen und sich nicht entscheiden können, an was sie festhalten und was sie über Bord werfen sollen. Wie soll man sich das neue Leben zunutze machen, ohne das Beste des alten zu verlieren? Doch nicht die neuen Erfindungen sind das Problem. Es sind vielmehr die Menschen, die nicht nachdenken und leichtsinnig alle zeitlosen Ideale wegwerfen, als wären es veraltete und abgenutzte Maschinen."

Um an „Grundprinzipen" festzuhalten, rief sie auf zu einer „besonderen Art des Mutes" auf … „um für all das einzustehen, das wir als richtig erachten, alles, das wahr und ehrlich ist. Wir brauchen den Mut, der subtilen Zersetzung durch Zyniker zu widerstehen, damit wir der Welt zeigen können, dass wir keine Angst vor der Zukunft haben."

„Es ist immer einfach gewesen, zu hassen und zu zerstören. Etwas aufzubauen und zu pflegen, ist weitaus schwieriger … ich kann Sie nicht in den Kampf führen, ich kann Ihnen keine Gesetze geben oder Recht sprechen, aber ich kann etwas anderes tun. Ich kann Ihnen mein Herz und meine Treue für diese alten Inseln und alle Menschen in unserer Bruderschaft der Nationen geben."

Die Königin musste sich keine Sorgen machen. Schätzungsweise 30 Millionen Menschen sahen zu und die Ausstrahlung war ein Riesenerfolg; der *Daily Express* pries „ihren Charme, ihre Anmut und ihre Einfachheit", und *The New York Times* beschrieb ihren Auftritt als „ungezwungen und natürlich".

Diszipliniert durch und durch

Genau wie ihre Ururgroßmutter Königin Victoria führt die Königin täglich Tagebuch. Sie bezeichnet es als „meinen geheimen Freund" und erklärte, dass das Schreiben für sie „genau wie Zähneputzen" geworden ist. Freunde haben spekuliert, dass sich darin einige ihre schärferen humoristischen Beobachtungen wiederfinden könnten, doch der Inhalt wird erst lange nach ihrem Tod veröffentlicht werden. Die Königin zeigt sich ob ihres Schreibens sehr bescheiden und sagt: „Es ist nicht wirklich ein Tagebuch wie das der Königin Victoria … oder genauso detailliert. Es ist eher unbedeutend."

Offen für Neues

Die Königin verschickte ihre erste Mail 1976 und sie war damit das erste Staatsoberhaupt, das dies tat. Die Mail wurde am 26. März während eines Besuchs der Königlichen Signal- und Radar-Einrichtung in Malvern verschickt und sollte eine Netzwerk-Technik namens Arpanet demonstrieren und war der Erfindung des Internets, wie wir es kennen, zeitlich um einiges voraus. Ihr Username war HME2 und die E-Mail trug die Überschrift: „Übermittelte Textbotschaft von Ihrer Majestät der Königin".

Im Oktober 2014 setzte Königin Elizabeth II. ihren ersten Tweet vom Naturkundemuseum in London ab, und blieb dabei sehr sachlich: „Es ist mir ein Vergnügen, heute die Ausstellung zum Informationszeitalter im @ScienceMuseum zu eröffnen, und ich hoffe, die Menschen werden ihren Besuch genießen. Elizabeth R."

Die Königin war bereits seit November 2010 mit der Facebook-Seite „The British Monarchy" aktiv und der offizielle Twitter-Account der königlichen Familie wurde im April 2009 eröffnet, um Nachrichten und Termine aus dem Königshaus zu veröffentlichen. Gleichzeitig wurde angekündigt, dass „kein Mitglied der königlichen Familie Tweets verschicken werde".

Als Nächstes lud sie im März 2019 ihren ersten Instagram-Post auf dem „Royal Family"-Account hoch. Auch das wieder im Naturkundemuseum, wo sie ein iPad benutzte, um ein Foto des zweiseitigen Briefes von Charles Babbage, dem ersten Computer-Pionier, an ihren Ururgroßvater Prinz Albert, zu teilen.

Die Königin mag sich zwar den sozialen Medien geöffnet haben, aber es gibt auch Aspekte des Lebens im 21. Jahrhundert, denen die Königin weniger zugetan ist. Als Matthew Barzun 2013 zum amerikanischen Botschafter in Großbritannien benannt worden war und sich im Buckingham-Palast vorstellte, nahm er Bezug auf die Menschenmengen, die ihn fotografiert hatten, als er in der königlichen Pferdekutsche durch die Straßen Londons gefahren war. Die Königin blickte ihn nachdenklich an: „Touristen hat es immer gegeben und sie hatten immer normale Kameras dabei. Sie hielten sie hoch, machten ein Foto und nahmen sie dann wieder herunter. Nun" – an dieser Stelle hielt sie sich die Hand vor ihr Gesicht – „halten Sie diese Dinger hoch und nehmen sie nie wieder herunter. Und ich kann ihre Augen nicht mehr sehen."

Es gab eine Welle der nationalen Begeisterung, von der niemand gedacht hätte, dass die Königin darauf mitschwimmen würde. In dem Jahr, als das Foto-Bombing zur fixen Idee wurde, machte der junge australische Hockeyspieler Jayde Taylor bei den Commonwealth-Spielen 2014 in Glasgow von sich und seinem Teamkollegen Brooke Peris ein Selfie. Während sie für die Kamera posierten, stand im Hintergrund die Königin, mit breitem Lächeln, in Grün gekleidet und mit Federhut. Sie wusste genau, was sie tat, und freute sich über den Spaß.

Und das war durchaus nicht das einzige Ereignis, an dem sich die Königin im Foto-Bombing versuchte. Ein Jahr zuvor, während einer Livesendung der BBC-Nachrichten im Broadcasting House in London, sahen die zwei Nachrichtensprecher voller Erstaunen, wie Ihre Majestät sich der Glasscheibe näherte, die sie vom geschäftigen Nachrichtenraum dahinter trennte. In leuchtendem Türkis gekleidet, stand die Königin im Mittelpunkt der begeisterten BBC-Mitarbeiter, während die Nachrichtensprecher große Mühe hatten, ihre Fassung wiederzugewinnen und den Fortgang der Sendung im Auge zu behalten.

Gott schütze unsere gnädige Königin

Es gibt immer Zeiten, in denen sich Pflicht und Spaß mischen, und im Laufe der Jahre scheint es, als würde die Monarchin diese Gelegenheiten besonders genießen.

Als Regisseur Danny Boyle die Idee zu einem James-Bond-Sketch für die Eröffnungsfeier der olympischen Spiele 2012 in London kam, nutzte er das Thema auf originelle Weise, um Regentin und Nationalhymne zu präsentieren. Man plante, eine Schauspielerin zu finden, die den Part der Königin übernehmen sollte und bat den Palast schriftlich um Erlaubnis. Boyle erzählte, dass zu aller Erstaunen die Antwort lautete: „Wir freuen uns sehr

über Ihr Vorhaben und Ihre Majestät würde gern involviert sein",
und, am unglaublichsten, „sie würde gern sich selbst spielen."

Als es zu den Filmaufnahmen kam, war es die Königin, die
vorschlug, sie könne auch etwas sagen, und den Text gleich mit-
lieferte. „Wir begannen zu filmen und sie drehte sich um und
sagte ihre Sätze so wunderbar", erinnert sich der Regisseur.

Die Rolle der Königin in der Eröffnungsfeier war so geheim,
dass nicht einmal die Prinzen Charles, William und Harry etwas
davon wussten. Genau wie alle anderen, saßen sie vor Staunen
mit offenem Mund da, bevor sie in anerkennendes Lachen aus-
brachen. Der Sketch war ein derartiger Erfolg, dass er seitdem
für eine Reihe von Parodien herhalten musste.

2
Familienwerte

Königin Elizabeth hat vier Kinder: Prinz Charles, Prinzessin Anne, Prinz Andrew und Prinz Edward; acht Enkel: Peter Phillips, Zara Tindall, Prinz William, Prinz Harry, Prinzessin Beatrice, Prinzessin Eugenie, Lady Louise Windsor und James, Viscount Severn; und bis dato acht Urenkel: Savannah Phillips, Isla Phillips, Prinz George, Mia Tindall, Prinzessin Charlotte, Prinz Louis, Lena Tindall und Archie Harrison Mountbatten-Windsor.

Als berühmteste Urgroßmutter Großbritanniens mag es kaum überraschen, dass die Königin ihr Familienleben sehr zu schätzen weiß: „Die Ehe gewinnt durch ein Netz an Familienbeziehungen zwischen Eltern und Kindern, Großeltern und Enkelkindern, Kusinen und Cousins, Tanten und Onkel."

Das bedeutet jedoch nicht, dass immer alles einfach ist. Sie bemerkte auch: „Wie in allen guten Familien haben auch wir unsere Macken, unsere ungestümen und eigensinnigen jungen Leute und familiäre Unstimmigkeiten." Um dann im ernsten Ton zu ergänzen, dass „Kummer der Preis für die Liebe ist."

Schwestern, Schwestern

Als Mädchen nahm Elizabeth ihre Rolle als große Schwester sehr ernst. Nachdem ihr Vater König wurde, sah sie es als ihre Pflicht an, mit gutem Beispiel voranzugehen und Prinzessin Margaret zu helfen, die komplexen Höflichkeiten des königlichen Protokolls zu meistern.

„Also, Margaret, mach einfach alles nach, was ich tue, dann ist alles gut", riet sie einmal ihrer jüngeren Schwester. Und vor einer offiziellen Gartenparty im Buckingham-Palast wurde sie noch genauer: „Wenn du jemanden mit einem komischen Hut siehst, Margaret, dann darfst du nicht darauf zeigen und lachen. Und du darfst dich nicht zu schnell durch die Menschenmengen zur Teetafel bewegen. Das ist ebenfalls unhöflich."

Eine königliche Partnerschaft

Die Königin ist die einzige britische Monarchin, die ihre diamantene Hochzeit gefeiert hat, und Prinz Philip ist der am längsten dienende Ehepartner eines britischen Monarchen. Bis zu seiner Pensionierung von öffentlichen Pflichten 2017 hatte er der Königin fast siebzig Jahre zur Seite gestanden, sie auf Commonwealth-Touren und Staatsbesuchen begleitet und zahllose öffentliche Termine im In- und Ausland wahrgenommen. Sie bilden ein formidables Duo und es gibt keinen Zweifel, dass seine Unterstützung unverzichtbar war. Man sieht häufig, wie die beiden über etwas gemeinsam lachen und plaudern. Nach ihrem 60. Hochzeitstag am 20. November 2017 sagte einer der Berater der Königin über das königliche Paar: „Sie sind nicht physisch demonstrativ, aber sie haben eine starke Bindung zueinander. Sie lebt noch immer auf, wenn er den Raum betritt. Sie wird weicher, heller und glücklicher." Wenn sie nicht zusammen sind, ruft Prinz Philip seine Frau jeden Abend an, um mit ihr über den Tag zu sprechen.

Biografin Sarah Bradfords Urteil war, dass „die Königin sich enorm auf ihn verlässt. Alle Schwierigkeiten haben sie nur enger zusammengeschweißt. Sie sind sich sehr nah. Sie verstehen sich blind."

Die Königin und Prinz Philip heirateten am 20. November 1947 in der Westminster Abbey, und folgten damit einer Tradition, die auf das Jahr 1110 zurückgeht, als König Heinrich I. dort am 11. November Prinzessin Matilda von Schottland heiratete. Die Eltern der Königin, König Georg I. und Königin Elizabeth (vormals Albert, Herzog von York und Lady Elizabeth Bowes-Lyon), heiraten ebenfalls dort am 26. April 1923.

Bei einem königlichen Paar werden selbst Hochzeitstage zu öffentlichen Ereignissen. Anlässlich ihrer Ansprache zur Feier ihres 25. Hochzeitstags in der Londoner Guildhall scherzte die Königin über sich und einen ihre häufigen Ausdrücke: „Ich denke, ein jeder wird es mir zugestehen, wenn ich gerade am heutigen Tag meine Rede mit den Worten ‚Mein Mann und ich' beginne."

Sie mögen zwar königlich sein, aber in vielerlei Hinsicht sind die Königin und Prinz Philip genau wie alle anderen lange verheirateten Paare.

Während der ausgedehnten Commonwealth-Tour 1954 wurde die Königin in Australien bei einem heftigen Streit mit ihrem Ehemann gefilmt, „Schuhe, Drohungen und Sportgeräte flogen durch die Luft und setzten eine königliche Wut frei, die zu anderen Zeiten jemandem den Kopf gekostet hätte", schrieb Robert Hardman. Die Königin entschuldigte sich später bei den Journalisten, die Zeuge der Auseinandersetzung gewesen waren: „Ich entschuldige mich für diesen kleinen Zwischenfall, aber, wie Sie wissen, passiert so etwas in jeder Ehe."

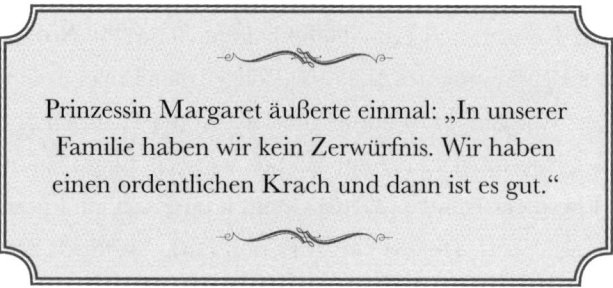

Prinzessin Margaret äußerte einmal: „In unserer Familie haben wir kein Zerwürfnis. Wir haben einen ordentlichen Krach und dann ist es gut."

„Immer dieses Gequatsche. Komm schon, wir müssen weiter", rief Prinz Philip der Königin zu, als sie 1994 am Kai von Belize noch mit ihren Gastgebern sprach. Der Prinz stand bereits auf dem Deck der königlichen Yacht *Britannia* und wartete ungeduldig auf das Ablegen.

Ebenfalls an Bord der *Britannia* soll die Königin einmal entschlossen geäußert haben: „Ich komme nicht eher aus meiner Kabine, bis er bessere Laune hat. Ich bleibe hier auf meinem Bett, bis er sich beruhigt hat."

> Nachdem sie sah, wie Prinz Philip auf einem
> Empfang seinen dritten Champagner-Cocktail
> getrunken hatte, bemerkte seine Frau etwas frostig:
> „Was für eine Rede beabsichtigst du nun zu halten?"

Bei anderer Gelegenheit machte die Königin ein überraschendes Geständnis: „Ich schaue mir gern Häuser an, bekomme aber nie Gelegenheit dazu. Es wäre ziemlich peinlich, mich selbst einzuladen. Mein Mann hat einmal mitbekommen, dass ich davon sprach, und seitdem, wenn wir im Auto sitzen und an einem schönen Haus vorbeifahren, fährt er hin, damit ich es mir anschauen kann. Das ist mir manchmal ziemlich peinlich, und dann kann ich mich nur ducken und verstecken."

Zu Hause ist, wo das Herz ist

Neben ihren Pflichten als Monarchin ist der Königin ihre Rolle als Ehefrau und Mutter äußerst wichtig und sie äußerte sich einmal: „Die höchste Pflicht der Frau ist das Heim. Dort findet sie wahre Erfüllung."

Prinzessin Anne sagte über ihre Mutter: „Es ist äußerst schwierig, sich daran zu erinnern, dass sie mehr Königin als Mutter ist. Schließlich kenne ich sie länger als Mutter denn als

Königin." Sie fügte hinzu: „Wie alle Mütter hat sie viel aushalten müssen. Wir sprechen noch miteinander. Ich glaube, das ist doch eine beachtliche Leistung."

Als sie klein waren, brachte die Königin Prinz Charles und Prinzessin Anne an einer Schultafel das Lesen und die Zeit bei. Nach ihrer Thronbesteigung bedeutete der Druck, den sie verspürte, um die herausfordernde neue Rolle auszufüllen, auch, dass sie nicht länger alle Aufgaben einer Mutter ausführen konnte. Als ihre Enkel geboren wurden, konnte sie entspannen und voller Begeisterung ihre Rolle als Großmutter übernehmen. Das wurde nach den Scheidungen ihrer Kinder noch wichtiger. Prinzessin Anne sagte über die Königin, dass man das normale Elternstadium erreicht habe, „wenn man denkt, man könne die Kinder nicht schnell genug aus dem Haus bekommen … um dann plötzlich festzustellen, wie still alles plötzlich ist, und ich glaube, sie vermisste diesen Aspekt des Kinderhabens, sodass ihre Enkel sehr willkommen sind, und zwar alle."

Eine Investiturzeremonie im Buckingham-Palast am 15. November 1977 war eine der wenigen Male, bei denen Ihre Majestät zu einem Termin zu spät kam. Sie hatte einen guten Grund. Captain Mark Phillips hatte ihr die gute Nachricht überbracht, dass Prinzessin Anne im St. Mary's Hospital in Paddington einen Sohn zur Welt gebracht hatte. Als sie eintraf, erklärte die

Königin: „Ich entschuldige mich für mein Zuspätkommen, aber ich habe gerade eine Nachricht aus dem Krankenhaus erhalten. Meine Tochter hat gerade einen Sohn bekommen." Peter Phillips war das erste Enkelkind der Königin.

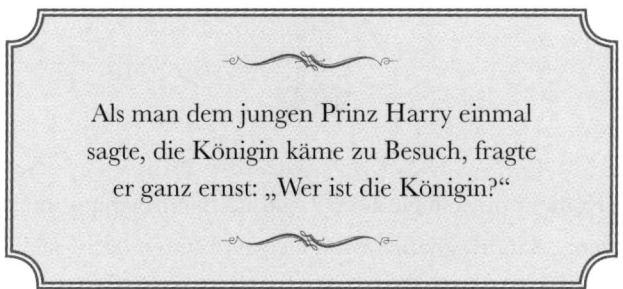

Als man dem jungen Prinz Harry einmal sagte, die Königin käme zu Besuch, fragte er ganz ernst: „Wer ist die Königin?"

Königliche Residenzen

„Man sagt, dass das Heim eines Engländers seine Burg sei. Ich hingegen möchte meine Burg zu meinem Heim machen", hat die Königin erklärt.

Und Ihre Majestät besitzt genügend Burgen und Schlösser, aus denen sie wählen kann. Neben dem staatseigenen Buckingham-Palast und Schloss Windsor sowie zahlreichen Residenzen in London und ganz Großbritannien, besitzt die Königin privat Sandringham House in Norfolk und Schloss Balmoral, Craigowan Lodge und Delnadamph Lodge auf dem Landsitz Balmoral im schottischen Aberdeenshire.

Die Königin verbrachte einen Großteil ihrer Jugend auf Schloss Windsor, das ihr als Heim immer am nächsten war. Sie bemerkte einmal zu Prinzessin Margaret: „Ich wünschte, ich könnte für immer hier leben", worauf ihre Schwester voller Skepsis antwortete: „Du wärst schnell gelangweilt." Die Königin antwortete nur: „Oh, nein. Niemand könnte sich auf Windsor langweilen."

Die Königin pries auch ihren Landsitz Sandringham mit den Worten: „Sandringham ist mir lieb und teuer, da es meinem Mann so viel bedeutet."

Sandringham bietet der königlichen Familie eine Verschnaufpause vom Leben in der Öffentlichkeit und allen Pflichten. Die Königin beschrieb es als „einen Rückzugsort, aber es ist zugleich auch ein wirtschaftlich nutzbarer Flecken Englands. Ich mag die Landwirtschaft … ich mag Tiere. Ich wäre nicht glücklich, hätte ich nur den Ackerbau." Vielleicht erinnerte sie sich an ihre Kindheitspläne: „Wenn ich groß bin, heirate ich einen Bauern. Ich möchte viele Kühe, Pferde und Kinder haben."

Die Königin hat die Schönheit und Wildheit der Natur rund um Balmoral immer geliebt und häufig angemerkt, dass „man kilometerweit laufen kann, ohne eine Menschenseele zu sehen. Man kann wandern oder reiten … [Es gibt] endlose Möglichkeiten." Sie hat über ihr schottisches Heim auch gesagt: „Es ist äußerst angenehm, ein wenig Winterschlaf zu halten, wenn man ein so bewegtes Leben führt."

Als Kind durchstreifte sie die Höhen, ging mit dem Vater auf die Pirsch und noch heute ist es der Ort, an dem die Familie jagt und angelt, entspannte Picknicke und Grillabende im Spätsommer genießt. Balmoral offenbart eine lebhaftere Seite der Königin, die lauthals singt, beim alljährlichen Ghillies Ball im Ballsaal der Schlosses Reel tanzt und bei satirischen Sketchen und Unterhaltungen mitmacht.

Im Buckingham-Palast ist der Schreibtisch der Königin eingerahmt von Fotos ihrer Familie und ihren Haustieren. Sie bevorzugt bequeme Sofas, Gemälde an den Wänden, Bücher und Vasen mit frischen Blumen und sagt dazu: „Ich mag es, wenn man meinen Räumen ansieht, dass in ihnen gelebt wird." Die Königin schreibt am liebsten mit dem Füllfederhalter, der ihrem Vater König Georg VI. einst gehörte, und ihr Schreibtischstuhl ist mit einer Stickerei bezogen, ein Hinweis auf ihre Verbundenheit mit dem Vermächtnis ihrer Familie. Aus rein praktischen Gründen verwendet sie immer schwarzes Löschpapier, um skrupelloses Geschnüffel in ihrer privaten und staatlichen Korrespondenz zu verhindern.

Ein zweites Zuhause auf See

Die Königin und Prinz Philip brachen im November 1953 an Bord der *SS Gothic* zu ihrer ersten langen Commonwealth-Tour auf. Nach ihrer Rückkehr sechs Monate später im Mai 1954 fuhren sie auf ihrer neu in Betrieb genommenen königlichen Yacht *Britannia* die Themse hinauf. Von Beginn an war das Schiff ein echtes Zuhause für die königliche Familie, stand sie doch für Freiheit und eine willkommene Zuflucht vor Presse und Öffentlichkeit.

Die königliche Yacht wurde für Staatsbesuche und Hochzeitsreisen genutzt, für Fahrten nach Übersee und rund um die britischen Inseln und bot die perfekte Kulisse für den Empfang ausländischer Würdenträger. Präsidenten, Staatsoberhäupter und andere wichtige Gäste wurden an Bord willkommen geheißen.

Douglas Hurd, Außenminister von 1989 bis 1995, sagte: „Es lag eine Magie über der *Britannia*, die nichts mit Pracht zu tun hatte, denn sie war kein prachtvolles Schiff." Er erinnerte sich an die Auslandsreisen an Bord der Yacht als die „angenehmsten" seiner Karriere im Außenministerium und bemerkte: „Sie war ein behagliches Schiff im eigentlichen Sinn."

Die Königin erlebte die Wochen, die sie zum Ende des Sommers auf dem Weg nach Balmoral auf der *Britannia* verbrachte, als die wenigen Zeiten, in der sie wirklich dienstfrei hatte und sich erholen konnte. Sie sagte zu einem Mitarbeiter des Palastes: „Ich nähere mich dem Ende einer langen Sommerzeit, ich bin völlig erschöpft, und Sie werden mich einige Tage nicht sehen … und nach zwei Wochen kann ich in Aberdeen leichten Schrittes von Bord gehen, bereit für ein weiteres Jahr."

1990, als Konteradmiral Sir Robert Woodard zum Flaggoffizier der Königlichen Yachten und zum Kommandanten der *Britannia* ernannt wurde, ging er zur Königin, die ihm ihre Gedanken zur Rolle der Yacht erklärte: „Die Menschen, die uns kennen, wissen, dass Buckingham-Palast das Büro ist. Schloss Windsor ist den Wochenenden und gelegentlichen Staatsangelegenheit vorbehalten, und Sandringham und Balmoral sind für die Ferien reserviert. Nun gut, es sind nicht wirklich Ferien. So kommen in diesem Sommer beispielsweise neunzig Personen zu uns. Die einzigen Ferien, die ich jedes Jahr genießen kann, ist die Strecke von Portsmouth den ganzen Weg hinauf nach Aberdeen auf der königlichen Yacht, wo ich aufstehen kann, wann ich möchte, und tragen kann, was ich mag, und vollkommen frei sein kann. Und wenn Sie als Flaggoffizier der Königlichen Yachten die königliche Yacht für meine Sommerferien bereitstellen können, dann ist das alles, um das ich Sie bitte."

Die informelle Atmosphäre an Bord zeigte sich in der Auswahl der Mannschaft. Es waren allesamt freiwillige Marinerekruten. Und wie einer der Offiziere ausführte, wurden potenziellen Anwärtern im Bewerbungsgespräch nur zwei Fragen gestellt: „Haben Sie eine Gefängnisakte, und haben Sie Humor? Und wenn sie bei der ersten lachten, dann gab es keinen Grund, die zweite zu stellen."

Die ungezwungene Kameradschaft an Bord zeigte sich in mehr als in gelegentlichen Streichen. Sir Robert Woodards Vorgänger hinterließ ihm eine Reihe von Anweisungen, wie etwa die strenge Regel, dass die Königin von ihrem Flaggoffizier erwartete, jederzeit seine beste Uniform zu tragen. Das war „vollkommener Blödsinn", so Sir Robert. „Es war eher Hawaii-Hemd und Sandalen!" Als er ordnungsgemäß, in seinen besten Sachen, zum Dienst vor der Königin erschien, musste sie herzlich lachen. „Da hat man Ihnen wohl einen Bären aufgebunden", zog sie ihn auf.

Der Abschied von der *Britannia* war äußerst schmerzhaft für die Königin und den Rest der Familie. Das Schiff war ihr schwimmendes Zuhause gewesen. Alle anderen Schlösser und Paläste waren mit Möbeln und Zierrat geerbt worden. Doch die *Britannia* hatten die Königin und Prinz Philip ganz nach ihrem eigenen Geschmack einrichten können und die Einrichtung selbst ausgesucht.

Bei der Zeremonie zur Außerbetriebnahme der *Britannia* am 11. Dezember 1997 sah man, wie sich die Königin, völlig untypisch für sie, eine Träne aus den Augen wischte, genau wie auch Prinzessin Anne. Es war einer der seltenen Momente, in dem die ansonsten so stoische Monarchin Gefühle zeigte. Sie waren nicht allein. Der ehemalige Stabsbootsmann Dick Field sagte: „Wenn die Presse ihre Kamera gedreht hätte, dann wären ihn noch zweitausend ehemalige Offiziere und Seeleute der königlichen Yacht aufgefallen, die genau das Gleiche taten. Es war der schlimmste Tag in unserem Leben."

Weihnachten zu Hause

Weihnachten bei der königlichen Familie läuft nach einem traditionellen Muster ab. Gefeiert wird üblicherweise auf Sandringham. Genau wie ihr Großvater Georg V., der als Erster das Anwesen in Norfolk für die Weihnachtsfeier der Familie auswählte, schätzt die Königin die wohnliche Atmosphäre des Landsitzes. Sie hegt zudem viele glückliche Erinnerungen an vergangene Weihnachten, die sie mit ihren eigenen Eltern und ihrer Schwester dort verbrachte.

Für viele Menschen gehört die Ansprache der Königin am ersten Weihnachtstag zum Fest dazu. Übertragen wird sie um 15 Uhr britischer Zeit. Zwar kann nicht jeder zuschauen oder alles in sich aufnehmen, was sie sagt, aber das Wichtigste ist, dass die Rede alljährlich ausgestrahlt wird – traditionell, beruhigend, essentiell. In ihrer Weihnachtsrede 1975 sagte die Königin: „Es ist daher wichtig, was jeder von uns täglich tut. Liebenswürdigkeit, Sympathie, Entschlossenheit und Höflichkeit sind ansteckend."

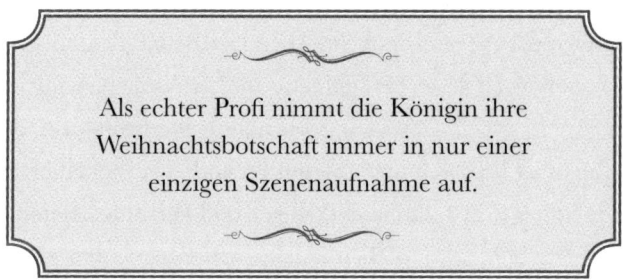

Als echter Profi nimmt die Königin ihre Weihnachtsbotschaft immer in nur einer einzigen Szenenaufnahme auf.

Gemäß der von Königin Victoria und Prinz Albert eingeführten deutschen Tradition werden Geschenke am Heiligabend ausgetauscht. Diese werden gleich nach dem Nachmittagstee auf aufgestellten Tischen ausgebreitet. Es ist angeblich Tradition bei der königlichen Familie, einander Scherzgeschenke zu geben. So sollen darunter eine Duschkappe mit der Aufschrift „Ain'tlife a b****?"

von Prinz Harry für seine Großmutter gewesen sein, ein weißer ledernder Toilettensitz von Prinzessin Anne für ihren Bruder Charles, angeblich ein voller Erfolg, und eine Freundin-Bauanleitung von Kate für ihren Schwager Prinz Harry. Der Tag klingt mit einem formellen Dinner in festlicher Abendgarderobe aus.

Der erste Weihnachtstag beginnt mit einem ausgiebigen Frühstück, dem sich der morgendliche Gottesdienst in St. Magdalene in Sandringham anschließt, den die Königin und andere Mitglieder der königlichen Familie besuchen. Sie nehmen sich Zeit, mit Bürgern zu sprechen, die zahlreich erschienen sind, um sie zu sehen. Ein traditionelles festliches Mittagessen erwartet sie bei der Heimkehr. Um 14 Uhr wird der Christmas Pudding mit Brandy-Butter serviert, bevor sich alle zusammensetzen, um die Ansprache der Königin im Fernsehen anzuschauen.

Informeller geht es dann am Abend zu. Scharade und andere Spiele gelten als feste Höhepunkte und alle machen mit. Die Königin erweist sich dabei angeblich als echte Imitatorin, doch ihr Talent ist Familien und engsten Freunden vorbehalten. Ihre Spezialitäten sind zahlreiche Politiker und Persönlichkeiten aus dem Fernsehen, sowie neben einigen US-Präsidenten ein sehr überzeugender früherer russischer Präsident Boris Jelzin. Zu ihrem Repertoire gehört auch die perfekte Imitation des schottischen Akzents eines Kirchenvorstehers der Church of Scotland, der vor einem Abendessen auf Balmoral den Segen sprach und seine Worte etwas unglücklich wählte: „Für dieses wahrlich köstliche Mahl, das wir bekommen, und für den sich anschließenden Verkehr, erfüllt uns der Herr mit großer Dankbarkeit."

Das königliche Arbeitsethos

Als Prinz Charles gefragt wurde, wie er sich auf sein Leben als König vorbereite, antwortete er: „Ich lernte eher beiläufig. Man beobachtet und lernt … Ich lernte, wie Affen lernen, die ihre Eltern beobachten."

> Sarah, Herzogin von York, sagte über ihre Zugehörigkeit zur „Firma": „Sie müssen sich die königliche Familie wie eine Marke vorstellen."

Prinz Harry räumte ein, dass „wir in unserem Privatleben und in gewissen anderen Bereichen des Lebens so normal wie möglich sein wollen … Es ist schwer, denn in einem gewissen Sinn werden wir nie normal sein." Er sagte aber auch: „Wenn Sie dort hineingeboren werden, dann glaube ich, ist es normal, sich zu wünschen, es wäre anders, wenn Sie wissen, was ich meine."

Zur Rolle der Kinder, die als Teil der königlichen Familie aufwachsen, äußerte sich die Königin: „Das Leben in der Öffentlichkeit ist für sie eine ungerechte Bürde." Prinz Philip erklärte: „Wir versuchen, unsere Kinder aus dem Licht der Öffentlichkeit fernzuhalten, damit sie so normal wie möglich aufwachsen können. Doch wenn es eine Monarchie gibt, dann muss es auch eine Familie geben, und diese Familie steht nun einmal in der Öffentlichkeit."

Doch selbst diejenigen, die nicht für diese Aufgabe geboren wurden, sondern in die Familie einheiraten, erkennen schnell, dass die gebotenen Privilegien auch Verantwortung mit sich bringen.

Sarah, Herzogin von York, konnte ihren Töchtern Beatrice und Eugenie einen weisen Rat mit auf den Weg geben: „Wenn ihr in der Öffentlichkeit steht, dann lächelt, denn niemand möchte Prinzessinnen sehen, die nicht lächeln und nicht das schätzen, was sie haben … Sie kommen aus bestem Hause. Sie führen ein glückliches Leben. Also lächelt und zeigt der Welt, dass es okay ist … Und blickt nicht miesepetrig oder mürrisch oder senkt euren Kopf. Das ist langweilig."

Die Königin und Prinz Philip teilen ein hohes Arbeitsethos, das sie auch von den anderen Mitgliedern der Familie erwarten. Der Prinz formulierte es lapidar: „Sagen Sie niemals einen Termin ab. Wenn Sie Kopfschmerzen haben, dann nehmen Sie ein Aspirin."

Prinz Harry, zusammen mit William, Kate und nun auch Meghan, hat sich immer stärker karitativen Projekten zugewandt. „Ich möchte kein Mitglied der königlichen Familie sein, das immer eine schwache Ausrede für eine Auslandsreise parat hat, und dann Urlaub in der Sonne macht oder was auch immer."

Ein königliches Geschenk

Da sie mit der zukünftigen Frau ihres Enkels, Kate, vor deren Verlobung mit William, nicht viel Zeit zubringen konnte, hatte die Königin anfangs angeblich einige Bedenken. Sie mochte Kate, sorgte sich aber, dass diese keine eigene Persönlichkeit ausgebildet hatte oder einer Karriere nachgegangen war. Nach dem Studium der Kunstgeschichte an der Universität von St. Andrew's hatte Kate eine Zeit lang im Unternehmen ihrer Eltern gearbeitet, das Partyartikel verkaufte, und dann in Teilzeit als Einkäuferin für Accessoires für das Modelabel Jigsaw Junior gearbeitet. Das hatte die Königin dazu veranlasst, Kates Arbeitsethos zu hinterfragen.

Doch am achten Hochzeitstag des Herzogs und der Herzogin von Cambridge im Jahr 2019 gab es keinerlei Grund, an Kates Engagement zu zweifeln. Als Staatsoberhaupt obliegt es der Königin, außergewöhnliche Geschenke zu besonderen Anlässen zu überreichen. Die Königin wählte den Hochzeitstag, um Kate den Titel der Dame Grand Cross of the Royal Victorian Order zu verleihen, die höchste Auszeichnung überhaupt. Dieser Titel ist „ein persönliches Geschenk des Monarchen" für Personen, die der Monarchie auf besondere Weise gedient haben. Die Königin hatte auch Camilla, Herzogin von Cornwall, an ihrem siebten und Sophie, Gräfin von Wessex, an ihrem zehnten Hochzeitstag diese Ehre erwiesen. Der Royal Victoria Order (Victoria-Orden) ist in fünf Klassen gegliedert, von Member bis Knight oder Dame Grand Cross, und erlaubt den Mitgliedern des Ordens eine blaue Schärpe zu tragen.

Die Ehre wird als Anerkennung für die Arbeit der Herzogin als Mitglied der königlichen Familie gesehen, die im Namen der Königin das Commonwealth bereist und eigene Projekte verfolgt, vor allem jene, die sich auf das Wohlergehen und die Entwicklung von Kindern richten, und die zusammen mit William und Harry auf das Thema der mentalen Gesundheit aufmerksam macht. Sie spielt seit ihrer Hochzeit eine zunehmend bedeutsame Rolle und hat die Königin zu einigen landesweiten Veranstaltungen begleitet.

Ein Sinn für Sparsamkeit

Neben starkem Pflichtgefühl und Arbeitsmoral gelten sowohl die Königin als auch Prinz Philip privat als eher sparsam. Und haben ihre Einstellung von „Spare in der Zeit, dann hast du in der Not" an ihre Kinder weitergegeben.

Wie sagte Prinzessin Anne: „Die Sparsamkeit sitzt tief in mir. Ich wurde von meinen Eltern und meiner Nanny großgezogen, die der Meinung waren, nichts zu verschwenden." Sie bezog sich auch auf das Familienprinzip der „guten alten Hannoveraner Haushaltsführung", die im Einklang mit ihrem Wunsch stand, so grün und umweltbewusst wie möglich zu leben.

Als der verdeckt ermittelnde Reporter Ryan Parry, der sich als Diener ausgegeben hatte, seine Einblicke ins Palastleben veröffentlichte, waren es Details, die im Gedächtnis der Öffentlichkeit hängenblieben, etwa die Beobachtung, dass beim Frühstück die

Cerealien in einfachen Tupperdosen serviert wurden. Praktisch, wiederverwendbar und sparsam.

Die Königin und Prinz Philip haben auf ihren königlichen Residenzen eine Reihe von Umweltmaßnahmen eingeführt, darunter die Wasserkraftturbinen auf der Themse, die Strom für Schloss Windsor erzeugen. Schon vor ihrem Engagement für die Umwelt sprach Prinz Philip offen über seine Besorgnis: „Die Menschen unserer Zeit brauchen neue Ressourcen, aber es gibt einen sehr wichtigen Vorbehalt – dass dauerhafte, unumkehrbare und unakzeptable Umweltschäden nicht erlaubt sein dürfen."

Die Solarpanele, die Prinz Philip auf Sandringham installieren ließ, gehörten zu den ersten ihrer Art in Großbritannien, und seit den früheren 1980er-Jahren fährt der Prinz einen Elektro-Transporter.

Königlicher Humor

Am Abend nach der Hochzeit von Prinz Charles und Lady Diana Spencer am 29. Juli 1981 richtete die Kusine der Königin, Lady Elizabeth Anson, im Claridge's eine Feier für 500 Gäste aus, darunter auch die Königin und Prinz Philip. Auf den Fernsehbildschirmen liefen die Höhepunkte der Traumhochzeit in der

St-Pauls-Kathedrale. Entspannt sah sich die Königin, an einem trockenen Martini nippend, die Aufnahmen an und bemerkte plötzlich: „Oh, Philip, sieh nur! Ich mache schon wieder dieses Miss-Piggy-Gesicht." Daraus wurde im königlichen Haushalt ein Dauerwitz und zum 60. Geburtstag der Königin schenkte das Personal ihr eine Karte mit Miss Piggy im königlichen Ornat mitsamt Krone.

Diese Fähigkeit, über sich selbst lachen zu können, ist eine Eigenschaft, die sie mit Prinz Philip teilt und die sie an den Rest der Familie weitergegeben haben.

> „Amüsant ist es immer, jemanden treffen, der zu einem sagt: ‚Ach, Sie sind ganz anders als gedacht'", bemerkte Prinz Harry, als er über den Eindruck sprach, den Leute von seiner Familie haben. „‚Und, was meinen Sie?' ‚Oh, das möchte ich Ihnen nicht ins Gesicht sagen!' ‚Nun, herzlichen Dank!'"

Der früher Erzbischof von Canterbury, Dr. Rowan Williams, erzählte, dass er bei verschiedenen Treffen mit der Monarchin eine „echte Persönlichkeit" kennengelernt habe: „Die Königin kann sehr freundlich, sehr locker und im Privaten extrem witzig sein – und nicht jeder weiß zu schätzen, wie lustig sie sein kann." Zudem sei sie „stets bereit, jemanden zu necken und sich necken zu lassen. Sie wahrt immer ihre Würde, beharrt aber in einem Gespräch nicht darauf."

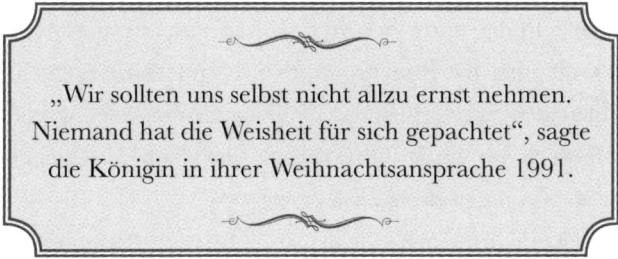

„Wir sollten uns selbst nicht allzu ernst nehmen. Niemand hat die Weisheit für sich gepachtet", sagte die Königin in ihrer Weihnachtsansprache 1991.

Ihre Kusine Margaret Rhodes glaubt, dass „sie ihre Identität als Königin wahren und noch stets bescheiden sein kann. Ihre innere Bescheidenheit bewahrt sie davor, zu verwöhnt zu werden."

Einer der engsten Berater der Königin äußerte sich so: „Die Königin ist die am wenigsten egozentrische Person, der man begegnen kann. Sie neigt nicht dazu, über sich selbst zu sprechen, und sie ist auch nicht an dem Bemühen anderer interessiert, sich zu stark mit sich selbst zu beschäftigen."

Schwiegertöchter

Die Königin versuchte, ihre erste Schwiegertochter, Prinzessin Diana, zu verstehen, deren Charakter so völlig anders war als der der Königin. Nur zwei Wochen nach der Hochzeit, als Charles und Diana nach ihrer Hochzeitreise an Bord der königlichen Yacht *Britannia* nach Balmoral kamen, zeigten sich erste Risse in ihrer Beziehung. Statt des glücklichen, entspannten jungen Mädchens, das sie gewesen zu sein schien, war Diana launisch und zurückgezogen.

Prinz Philip hatte Schwierigkeiten mit ihrem Aufenthalt und sagte über die Prinzessin: „Es war einfach unmöglich. Sie erschien nicht zum Frühstück. Und beim Mittagessen saß sie mit Kopfhörern am Tisch, hörte Musik und dann verschwand sie zum Spaziergang oder zum Joggen."

Die Königin meinte: „Sie ist wie ein nervöses Rennpferd. Man muss vorsichtig mit ihr umgehen."

Einer der Punkte, die, was die Königin anging, für Sarah Ferguson sprachen, als sie sich mit Prinz Andrew verlobte, waren ihre Bodenständigkeit und Direktheit. Sie war eine begeisterte Reiterin, die regelmäßig mit ihrer zukünftigen Schwiegermutter ausritt und die traditionellen Aktivitäten im Freien wie Jagen, Schießen und Angeln mochte. Zu der Zeit fühlte sich Sarah „begünstigt und gesegnet … Ich war stark und ausgelassen und nicht angespannt."

Die Königin glaubte, dass Fergie die ideale Partnerin für ihren quirligen zweiten Sohn sein könnte, und sagte zustimmend: „Er hat diesmal die Richtige gefunden."

Als die Königin und Prinz Philip am 9. April 2005 nicht an der Hochzeit von Prinz Charles und Camilla Parker-Bowles in der Windsor Guildhall teilnahmen, spekulierte die Presse, dass dies die wahren Gefühle der Königin gegenüber der Ehe zeigten. Doch in Wahrheit spiegelte dies die konstitutionelle Rolle der Königin und ihren traditionellen Glauben und war nicht als Zeichen von Missbilligung zu verstehen. Ihr wirkliches Glück zu diesem Anlass zeigte sie am nächsten Tag in ihrer herzlichen Rede. Sie begann scherzend, dass sie eine wichtige Ankündigung zum Sieger des Grand National zu machen habe, und fuhr mit dem Thema Pferderennen fort, das ihr immer sehr nahe war. Sie sprach einen Toast auf Charles und Camilla aus: „Sie haben Becher's Brook und The Chair [ein Hinweis auf die schwersten Rennen beim Grand National] überwunden und viele andere Hindernisse. Sie haben alles gemeistert und ich bin sehr stolz und wünsche ihnen alles Gute. Mein Sohn hat mit der Frau, die er liebt, sein Zuhause gefunden. Willkommen im Stall des Siegers."

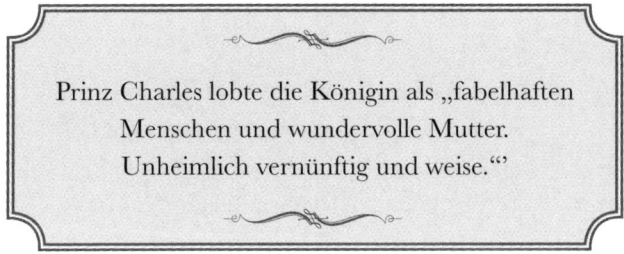

Prinz Charles lobte die Königin als „fabelhaften Menschen und wundervolle Mutter. Unheimlich vernünftig und weise."

Oma weiß es am besten

Wie viele Matriarchinnen, hat die Königin dezidierte Ansichten zu den Aktivitäten ihrer Enkel. Doch als Monarchin hat ihre Meinung mehr Gewicht, als die der meisten Großeltern.

Sie ist weit davon entfernt, von Prinz Williams Liebe für Motorräder begeistert zu sein. Als er seine Leidenschaft erklärte, sagte er: „Es hilft, wenn man mit Motorradhelm nicht erkannt wird, denn das entspannt mich. Aber ich mag einfach alles, was mit

Motorrädern und dem damit verbundenen Kameradschaftsgeist zu tun hat."

Anscheinend verbrachte Prinz William den Abend vor seiner Hochzeit 2011 damit, mit seinem Motorrad durch die nächtlichen Straßen Londons zu fahren. Sein Hobby soll „die Königin zu Tode erschrecken", genau wie andere Mitglieder der königlichen Familie, und ihre Sorgen zeigten offenbar Wirkung. Bei einem Besuch beim TT Race 2018 auf der Isle of Man gab der Prinz widerwillig zu: „Ich habe drei Kinder, da muss ich es etwas ruhiger angehen lassen."

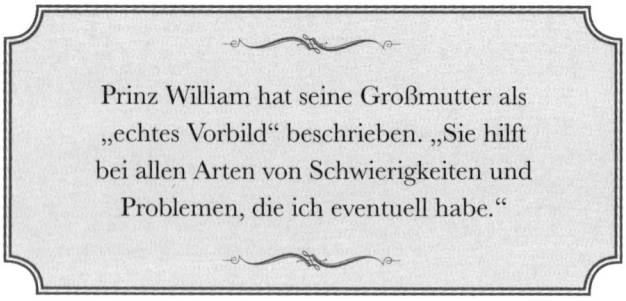

Prinz William hat seine Großmutter als „echtes Vorbild" beschrieben. „Sie hilft bei allen Arten von Schwierigkeiten und Problemen, die ich eventuell habe."

Die Königin ist auch kein großer Fan von Prinz Harrys Bart. Sie zieht es vor, wenn männliche Mitglieder des Könighauses glatt rasiert sind, und findet, dass sie zwar in der Armee oder in der Natur in Ordnung seien, nicht aber zu Hause. Diese inoffizielle Regel ist so derart tief verankert, dass die Königin ihrem Enkel die besondere Erlaubnis erteilen musste, einen Bart zu tragen, als er im Mai 2018 Meghan Markle heiratete. Bislang hat sein Bart überlebt.

Obgleich die königliche Familie immer im Blick der Öffentlichkeit steht, wacht sie sorgsam über ihr Privatleben, und 2009 griff die Königin ein, um Kate Middleton zu helfen, die Veröffentlichung von privaten, nicht offiziellen Fotos von ihr zu verhindern, indem sie ihre Rechtsberater darauf ansetzte. Die Königin empfiehlt ihren Kindern und Enkelkindern eindringlich, möglichst weit von der Presse und der Öffentlichkeit entfernt Ferien zu machen, da sie weiß, wie wichtig eine Auszeit ist, um gesunde Beziehungen aufrechtzuerhalten.

Königliche Geburtstraditionen

Jede Familie pflegt ihre besonderen Gewohnheiten, doch die königliche Familie nimmt eine Sonderstellung ein und hat einige etwas ungewöhnliche Traditionen zu befolgen.

Überraschen mag etwa, dass die Königin gemäß einem 300 Jahre alten Gesetz für jedes in der Familie geborene Baby das volle Sorgerecht hat. Das Gesetz, „The Grand Opinion for the Prerogative Concerning the Royal Family", wurde von Georg I. 1717 eingeführt, vor allem deswegen, weil er sich mit seinem Sohn, dem zukünftigen Georg II., nicht gut verstand und sich einen größeren Einfluss auf Erziehung und Ausbildung seines Enkel, den zukünftigen Georg III., sichern wollte. Es ist allerdings festzuhalten, dass dieses Prärogativ heute nur noch eine Formalie ist und es extrem unwahrscheinlich ist, dass die Königin sich jemals einmischen würde. Allerdings ist streng genommen für Reisen der Kinder die Erlaubnis der Königin notwendig, und Prinz Charles und Diana konsultierten stets die Königin, wenn sie die jungen Prinzen William und Harry auf eine Auslandsreise mitnahmen.

Die Monarchin ist die Erste, der die Nachricht von der Geburt des königlichen Babys überbracht wird. Das geschah früher immer durch einen Boten, aber man nimmt an, dass Prinz William die Königin über die Geburt von Prinz George am Telefon informierte. Königliche Geburten werden offiziell auf einer Staffelei vor dem Buckingham-Palast verkündet. Das maschinengeschriebene Bulletin wird zuerst von den beteiligten Medizinern unterzeichnet und nennt Geschlecht, Geburtszeit, Gewicht und Gesundheitszustand von Mutter und Kind. Ein Hinweis auf das Geschlecht des Kindes dringt vorab nie an die Öffentlichkeit. Das Bulletin wird anschließend im Auto zum Buckingham-Palast gebracht und gerahmt, bevor es dann vor dem Palast aufgestellt wird.

Der Geburtsankündigung folgen 62 Salutschüsse im Tower von London, die etwa zehn Minuten dauern. Am Palast wird der Union Jack gehisst.

Früher war es üblich, dass der Innenminister bei der königlichen Geburt als Zeuge zugegen war, um die Rechtmäßigkeit zu bestätigen – eine Sorge in unruhigen Zeiten in der Geschichte. Die Königin entschied schnell, diese besondere Gewohnheit zur Geburt ihres Sohnes Prinz Charles 1948 abzuschaffen. Im 18. Jahrhundert war es nicht unüblich, dass sich eine Menschenmenge im Schlafgemach versammelte, um das Geschehen zu beobachten.

Innenminister und diverse andere Personen waren früher zwar im königlichen Kreißsaal anwesend, nicht aber der Vater. Prinz Philip spielte Squash, als Prinz Charles geboren wurde, und erst 1964, als sich die allgemeine Einstellung geändert hatte, war er bei der Geburt seines vierten Kindes, Prinz Edward, zugegen, auf ausdrücklichen Wunsch der Königin.

Wie üblich waren der königliche Chirurg-Gynäkologe und der Facharzt für Geburtshilfe auch bei der Geburt aller drei Kinder von William und Kate anwesend, doch Harry und Meghan brachen mit der Tradition und hofften auf eine Hausgeburt mit weiblicher Doula und Hebamme. Doch ihr Sohn wurde im Portland Hospital in London geboren. Die Königin persönlich entschied sich für Hausgeburten – wenn man in einem Palast wohnt und über einen kompletten medizinischen Stab verfügt, ist das durchaus verführerisch. Ihre Tochter, Prinzessin Anne, war das erste Mitglied der Königsfamilie, die eine Krankenhausgeburt wählte.

In den letzten Jahren präsentierten die neuen Eltern schon Stunden nach der Geburt ihre Babys der Welt. Sie erschienen auf den Stufen des Lindo Wing des St. Mary's Hospital in Paddington. Diese Tradition wurde von der Königin mit Prinz Charles eingeführt. Das Neugeborene war in eine Decke der Nottinghamer Manufaktur G. H. Hurt & Son gewickelt. Harry und Meghan brachen auch mit dieser Tradition. Prinz Harry erschien einige Stunden nach der Geburt des Sohnes vor versammelter Presse und Gratulanten, doch das Paar stellte Baby

Archie erst zwei Tage später vor. Seine Geburt wurde zudem als erste auf Instagram bekannt gegeben.

Üblicherweise werden Namen einige Tage später mitgeteilt. Die Meinung der Königin wird immer berücksichtigt, vor allem bei Kindern, die in der Thronfolge weit oben rangieren. Doch heute ist dies eher „ein ungezwungenes Gespräch". Harry und Meghan haben mehr Freiheit, auch weniger traditionelle Namen für ihre Kinder zu wählen, da sie in der Thronfolge weiter unten stehen, und so widersetzten sie sich allen Spekulationen und überraschten die Buchmacher, als sie den Namen Archie Harrison für ihren Erstgeborenen bekanntgaben.

Es mag überraschen, aber königliche Babys erhalten nicht automatisch einen königlichen Titel, es sei denn, er wird speziell von der Königin gewährt. Dies leitet sich aus dem Letters Patent von Georg V. aus dem Jahr 1917 ab, das die Titel innerhalb der königlichen Familien einschränkte. Das bedeutet, dass die Ururenkel der Königin wohl eher Lord oder Lady Mountbatten-Windsor statt Ihre Königliche Hoheit oder Prinz oder Prinzessin sein werden, abgesehen vom ältesten, direkten Erben. Die Königin kann jedoch ein neues Letters Patent verfügen, wie sie es für Williams und Kates zukünftige Kinder 2012 tat. Gleiches hatte sie für Prinz Andrews verfügt, was der Grund dafür ist, dass Beatrice und Eugenie Prinzessinnen sind. Die Königin bot dies auch ihren beiden anderen Kindern an, doch Prinzessin Anne lehnte ab und zog es vor, ihre Kinder ganz normale Leben führen zu lassen, genau wie auch Prinz Edward und Sophie. Laut Debrett's darf der älteste Sohn und Erbe eines Herzogs einen der niedrigen

Adelstitel des Vaters als Geste des Entgegenkommens annehmen. Harry und Meghans Sohn wäre demnach der Graf von
Dumbarton oder Lord Archie gewesen, wenn sie dies gewünscht
hätten. Doch sie entschieden, dass er einfach nur Master Archie
Harrison Mountbatten-Windsor ohne einen Titel und definitiv
ohne Königliche Hoheit sein wird.

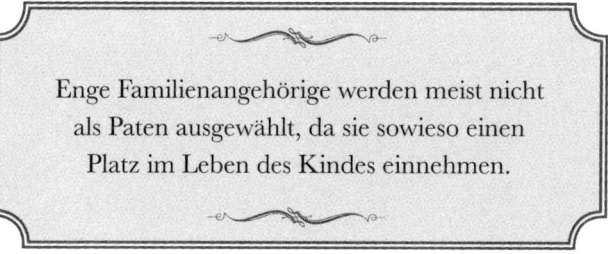

Enge Familienangehörige werden meist nicht
als Paten ausgewählt, da sie sowieso einen
Platz im Leben des Kindes einnehmen.

Alle königlichen Babys tragen dasselbe Taufkleid, das seit der
Regentschaft von Königin Victoria von einer Generation an
die nächste weitergegeben wird. Das Originalkleid wurde 1841
für ihr erstes Kind, Prinzessin Victoria, angefertigt. Es bestand
aus Spitalfields-Seide und Honiton-Spitze und wurde in den
163 Jahren, in denen es verwendet wurde, von 62 königlichen
Babys getragen. Die Letzte, die es trug, war 2004 die Tochter
von Prinz Edward und Sophie Wessex, Lady Louise Windsor.
Zu dem Zeitpunkt wurde es als zu empfindlich betrachtet, um
noch einmal verwendet zu werden. Eine genaue Kopie wurde
ordnungsgemäß in Auftrag gegeben. Diese wird seitdem von
mehreren königlichen Babys getragen, darunter George, Charlotte
und Louis Cambridge.

3

All die Pferde der Königin

Am 2. Juni 1953, als man annehmen konnte, die Gedanken der Königin seien bei der bevorstehenden Krönungsfeier, machte sie sich stattdessen Sorgen um ihr Lieblingsrennpferd Aureole, das vier Tage später beim Epsom Derby antreten sollte. Als eine ihrer Hofdamen fragte, ob alles in Ordnung sei, antworte die Königin fröhlich: „Oh, ja! Der Hauptmann hat gerade angerufen und mir erzählt, dass Aureole heute Morgen gut gelaufen ist!" Schlussendlich wurde der Hengst Zweiter.

Ihre lebenslange Liebe für Pferde und jede Art von Pferderennen teilt sie mit Prinz Philip und dem Rest der Familie. Als junge Frau ritt sie mit ihrer Schwester und ihrer Mutter aus.

Jean, Gräfin von Carnarvon, die Frau des langjährigen Rennleiters und Freundes der Königin, Henry Porchester, Graf von Carnarvon, erinnerte sich, welches Vergnügen es der Königin stets bereitete, Namen für ihre Fohlen auszusuchen: „Sie griff auf all ihr Wissen zurück, auch auf alte schottische Namen."

Der Jahresablauf der Königin bezieht den ihrer Pferde mit ein. Am Anfang eines neuen Jahres, wenn die Deckzeit beginnt, inspiziert sie die Stuten und Hengste auf dem Sandringham-Gestüt und dann nochmals im April und Juni, um nach den Fohlen aus der letzten Deckzeit zu schauen. Lord Porchester bemerkte, dass „es einem vorkommt, als spräche man mit einem Trainer, wenn man sich mit ihr unterhält."

Einer der ehemaligen Trainer der Königin, Ian Balding, ging sogar noch einen Schritt weiter: „Wenn sie ein normaler Mensch wäre, dann hätte sie bestimmt als Trainerin gearbeitet, so sehr liebt sie es."

Im September 1949 berichtete der *Daily Telegraph*, wie die junge Prinzessin ihr erstes Rennen mit dem Hindernisläufer Monaveen gewann, den sie zusammen mit ihrer Mutter besaß: „Prinzessin Elizabeth, die ein cremefarbenes Kostüm und einen dunkelbraunen Hut trug, war entzückt über den Ausgang des Rennens, das sie durch das Fernrohr hautnah mitverfolgt hatte." Ihre Majestät ist noch stets hoch erfreut vom Anblick ihrer Pferde, ob sie ihnen nun beim Rennen oder beim Training auf den Downs zusieht.

Ihr früherer Gestütsleiter, Sir Michael Oswald, erzählte: „Der grobe Terminplan wird achtzehn Monate im Voraus aufgestellt und sechs Monate vorher detailliert ausgearbeitet. Nur sechs Tage im Jahr werden ausgeklammert, und das sind die fünf Tage für Royal Ascot und Derby Day in Epsom."

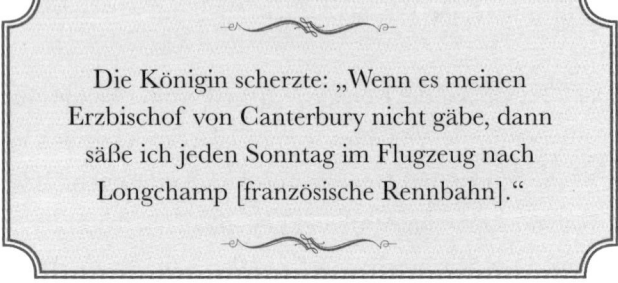

Die Königin scherzte: „Wenn es meinen Erzbischof von Canterbury nicht gäbe, dann säße ich jeden Sonntag im Flugzeug nach Longchamp [französische Rennbahn]."

Die offensichtliche Freude und Aufregung der Königin bei den Rennen ist offensichtlich, vor allem, wenn ihre Pferde gewinnen. Ihr freudiges Hochgefühl wurde gefilmt, als Free Agent bei den

Chesham Stakes 2008 ihr zwanzigster Royal-Ascot-Sieger wurde. Das zweijährige Hengstfohlen konnte erst im letzten Moment durchbrechen und das Rennen dann für sich entscheiden. Zur Überraschung aller sprang die Königin hoch, ballte die Faust und rief triumphierend: „Ich habe es geschafft!" Ihr Rennleiter John Warren konnte mit der Königin kaum Schritt halten, als sie davonstürzte, um ihr Pferd zu begrüßen. „Es war ein Moment echter Freude … sie rannte zum Sattelplatz, als wäre sie zwanzig", kommentierte er das Geschehen.

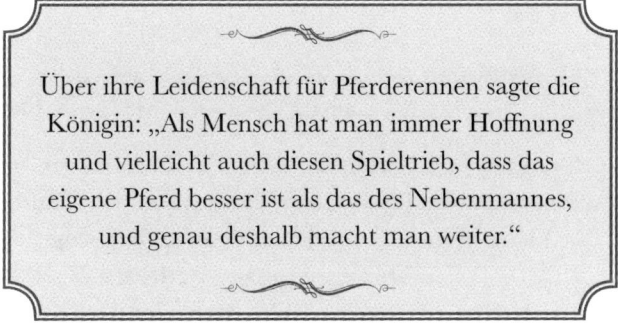

Über ihre Leidenschaft für Pferderennen sagte die Königin: „Als Mensch hat man immer Hoffnung und vielleicht auch diesen Spieltrieb, dass das eigene Pferd besser ist als das des Nebenmannes, und genau deshalb macht man weiter."

Sir Michael Oswald war stets von den fundierten Kenntnissen der Königin beeindruckt: „Sie liest viel und sie weiß viel. Wenn Sie mit ihr Verkaufskataloge erörtern, dann sollten Sie Ihre Hausaufgaben gemacht haben, denn sie wird wissen, wer die Ururgroßmutter des Pferdes war."

Ian Balding erinnerte sich, dass „sie sich genau anschaute, wie ihre Pferde sich bewegten, wie sie sich streckten. Sie konnte sehen, wie sie liefen."

Bei einer dieser denkwürdigen Gelegenheiten waren die Königin und Balding auf der Weide, um sich sechs junge Hengstfohlen näher anzuschauen, die zugeritten werden sollten. Plötzlich geriet ein Pferd außer Rand und Band, galoppierte los, bäumte sich auf und schlug aus. Alle rannten zum Gatter. Die Einzigen, die regungslos stehen blieben, waren die Königin und ihr Trainer, die wussten, dass die Fohlen sich beruhigen und sie nicht angreifen würden. Als sich alles beruhigt hatte, meinte die Königin lediglich: „Oh, das war ein Schreck."

Balding erinnerte sich, dass die Königin „vollkommen unbeeindruckt war".

Monty Roberts, ein kalifornischer Trainer, der den physischen Mut der Königin hautnah miterlebt und sie näher kennenlernte, glaubt, dass „es ihr gelingt, angesichts von Problemen ruhiger zu werden, statt sich selbst zu gestatten, ihren Adrenalinspiegel ansteigen zu lassen und in Panik zu verfallen."

Die Königin verbringt gern Zeit mit ihren Pferden und kennt alle Pferdepfleger und Stallknechte persönlich. Ihr Rennleiter und ihre Pferdetrainer wissen, dass sie sie jederzeit auf ihrem privaten Telefonanschluss erreichen können, und sie pflegen ein unvergleichlich hohes Maß an Informalität mit der Königin.

John Warren, ihr derzeitige Rennleiter, sagt: „Es gibt niemanden im Land, vielleicht sogar in der ganzen Branche, der mit so vielen Fohlenjahrgängen aufwarten kann." Sie besitzt noch immer eine Reihe von Pferden, die trainiert werden, und hält rund 20 Stuten, die jedes Jahr vierzehn oder mehr Fohlen gebären. „Es ist eher eine intellektuelle Aufgabe, die richtigen Zuchtentscheidungen zu treffen und das richtige Pferd zum richtigen Trainer zu schicken", erklärte Warren. „Sie besitzt dieses wahrlich ungebrochen starke Interesse. In guten wie in schlechten Zeiten bleibt die Königin unbeirrbar. Sie lässt sich nicht unterkriegen, wenn ein Fohlen als Schwächling geboren wird, und auf der anderen Seite lässt sie sich auch dann nicht beeindrucken, wenn ein Pferd wie Carlton House [Anm.: erfolgreiches Rennpferd der Königin] im Stall steht."

Wenn sie nicht in London weilt, reitet die Königin noch jeden Tag aus, und es ist offensichtlich, wie sehr sie das genießt. Sie ist bekannt dafür, keinen Schutzhelm zu tragen und wählt stattdessen eines ihrer typischen Tücher, was ihr Personal zu der Aussage verleitete: „Das Einzige, was zwischen ihr und ihrem Haar kommt, ist ein Hermès-Tuch." Ihr Gestütsknecht auf Schoss Windsor meinte dazu: „Hier in Windsor dienen die Pferde nur der Erholung, der Bewegung und der Frischluft. Sie reitet zu jeder Jahreszeit aus und bewundert Wildvögel, Blumen und Tiere."

Für die Königin ist Reiten gleichbedeutend mit Freiheit, einer Auszeit und einer Flucht vor Pflicht und offiziellen Aufgaben. Es gibt ihr Raum zum Nachdenken und hier kann sie ganz sie selbst sein. Für jemanden wie sie, der mit großer Hingabe arbeitet, ist das für Gesundheit und Wohlbefinden lebenswichtig.

Angesichts ihres Interesses mag es kaum überraschen, dass der erste private Urlaub 1984 in den USA die Königin zu Pferden und zur Gestütszucht führte. Ihr Aufenthalt an der Westküste und die Zeit im Yosemite-Nationalpark ein Jahr zuvor anlässlich eines Staatsbesuches hatten in ihr den Wunsch geweckt, mehr vom Land zu sehen. Es wurde verabredet, dass sie zunächst auf der Ranch von Will und Sarah Farish in Kentucky – William Stamps Farish III., so sein vollständiger Name, ist Unternehmer und ehemaliger amerikanischer Botschafter im Vereinigten Königreich – und anschließend bei Lord Porchesters Familie auf der Canyon Ranch in Wyoming bleiben sollte.

Nach diesem ersten Aufenthalt schrieb die Königin einen begeisterten Brief an den Präsidenten Ronald Reagan und berichtete, wie sie ihre Zeit mit ihren Lieblingsbeschäftigungen zugebracht hatte, sie habe sich „wunderschöne Vollblüter angeschaut" und sei „in der offenen Landschaft gewandert".

Sie würde noch viele Male nach Kentucky zurückkehren. Ein Mitglied des königlichen Haushalts erinnerte sich: „Sie fühlte sich in Kentucky zu Hause. Ich erlebte eine Ungezwungenheit und Fröhlichkeit, die ich in England nie spürte. Niemand nannte sie Ma'am oder Ihre Majestät. Sie lachte, scherzte und hatte Spaß. Sie hat ein großes Faible für die Vereinigten Staaten."

Im May 2007 erfüllte sich die Königin ihren lang gehegten Traum, einmal das Kentucky Derby mitzuerleben. Zusammen mit Prinz Philip übernachtete sie erneut bei Will und Sarah Farish. Sie verbrachte eine gute Zeit mit ihren Freunden, dachte aber zugleich daran, wie ihre Enkeltochter Zara Philip wohl bei den gleichzeitig stattfindenden Badminton Horse Trails abschneiden würde, und beschwerte sich: „Niemand achtet darauf, was Granny denkt."

Die Königinmutter war eine weitere begeisterte Anhängerin von Pferderennen, obgleich sie Schirmherrin des Nationalen Hindernisrennens war, während die Königin Flachrennen bevorzugte. Bei ihren täglichen Telefonaten kamen sie immer auch auf das Thema Pferde und den Reitsport zu sprechen. In ihrem Brief aus Neuseeland an ihre Mutter während der Commonwealth-Tour

1953–1954 bemerkte die Queen: „Hier sind Pferderennen einfach unglaublich. Sie alle wetten wie die Irren und lieben ihre Marathons in einer Dosierung von acht Rennen."

Prinz Philip ist immer ein leidenschaftlicher Reiter gewesen, mochte Pferderennen jedoch weniger. Von ihm ist bekannt, dass er beim Royal Ascot ein Radio in seinem Zylinder versteckte, um Cricket zu hören. Meist nahm er lieber an etwas teil als nur zuzuschauen: „Ich bin, ehrlich gesagt, kein guter Zuschauer … Ich *mache* lieber etwas." In seinen jungen Jahren spielte er Polo und die Begeisterung für diesen Sport hat er seinen Söhnen und seinen Enkeln vererbt. Die Prinzen Charles, William und Harry spielen alle drei, und lassen sich auch von dem einen oder anderen heftigen Stoß nicht abschrecken.

Als er merkte, dass seine aktive Zeit im Polo vorbei war, wandte Prinz Philip sich dem Kutschenrennen zu, gleichwohl genauso riskant im Hinblick auf Verletzungen. Er sah es als den perfekten Sport für das mittlere Alter und behauptete, ziemlich unglaubwürdig angesichts seines Charakters: „Ich habe damit als Sport fürs Alter angefangen. Ich sehe es als gute Bewegung für Rentner. Ich habe mit Polo aufgehört, als ich fünfzig wurde, und habe hiermit begonnen, weil ich dachte: ‚Nun, ich besitze Pferde und Kutschen, warum sollte ich es nicht einmal versuchen?' Seit 1973 mache ich das tun."

Der Prinz erwies sich als Naturtalent in diesem Sport, und obwohl er nicht mehr an Rennen teilnimmt, lenkt er noch immer seine eigene Kutsche. Während im Mai 2019 alle Welt auf die Geburt von Harrys und Meghans erstem Kind warteten, lenkte der 97-Jährige seine Pferde im Galopp durch den Home Park von Windsor, wobei das einzige Zugeständnis an sein Alter der Stallknecht war, der ihn in der Kutsche begleitete.

Prinzessin Anne erbte die Pferdeliebe ihrer Mutter und ist ebenfalls eine fähige Reiterin. 1971 nahm sie an den Europameisterschaften im Vielseitigkeitsreiten teil und beim gleichen Wettkampf vier Jahre später gewann sie Silber im Einzel und in der Mannschaft.

Als sie 1987 bei den Dresden Diamond Stakes in Ascot teilnahm, feuerte die Königin sie von der Tribüne aus an: „Bleib nicht so ruhig – tu was!" Das schien zu wirken, denn die Prinzessin siegte mit ihrem Pferd Ten No Trumps und war das erste Mitglied der königlichen Familie, das einen Ascot-Sieger ritt.

Als ehemalige Vertreterin Großbritanniens bei den Olympischen Spielen 1974 in Montreal beim Vielseitigkeitsreiten, zeigte sich Prinzessin Anne als stolze Mutter, als sie ihrer Tochter Zara Phillips bei den Olympischen Spielen 2012 in London die Silbermedaille im Mannschafts-Vielseitigkeitsreiten überreichte.

4
Stoische Regentin

Die Krone lastet im wahrsten Sinne des Wortes schwer auf dem Haupt der Königin. Die Imperial State Crown, die die die neu gekrönte Monarchin am Ende der Krönungszeremonie trug, wird von ihr auch zur alljährlichen Parlamentseröffnung getragen. Mit ihren 2.868 Diamanten, darunter der Cullinan II mit 317 Karat, sowie wertvollen Edelsteinen wie dem St.-Edwards-Saphir, dem Rubin des Schwarzen Prinzen und den Perlen von Elizabeth I. wiegt sie kolossale 1,06 kg.

In einem Gespräch mit Alistair Bruce für ein Sendung über ihre Krönung, die im Januar 2018 ausgestrahlt wurde, enthüllte die Königin, welch körperliche Anstrengung es bedeutet, die Imperial State Crown zur Parlamentseröffnung zu tragen, um damit eine Rede zu halten: „Sie können nicht nach unten auf Ihr Manuskript schauen, Sie müssen die Augen geradeaus richten. Wenn Sie das nicht machen, brechen Sie sich den Hals und sie würde herunterfallen."

Die Krone wurde für die Königin in der Höhe etwas gekürzt, um zwei bis drei Zentimeter gegenüber der Zeit, als ihr Vater Georg VI. sie getragen hatte. Sie erklärte: „Glücklicherweise haben mein Vater und ich in etwa die gleiche Kopfform. Wenn Sie sie erst einmal aufgesetzt haben, dann sitzt sie. Ich meine, sie bleibt auf dem Kopf."

Auch wenn die Imperial State Crown ein beachtliches Gewicht hat, so ist sie doch um einiges leichter als die riesige St.-Edwards-Krone, die mit 2,23 kg fast doppelt so schwer ist. Diese Krone wird dem Souverän während der Krönungszeremonie bei der eigentlichen Krönung aufgesetzt. Da mag es kaum überraschen, dass die neue Königin nur mit Hilfe die fünf Stufen zum Podest mit dem Staatsstuhl emporsteigen konnte, um dort die Huldigungen der Adeligen entgegenzunehmen. Sie musste nicht nur das Gewicht der historischen goldenen Krone tragen, sondern auch den fast 7,7 kg schweren Zeremonienmantel, und musste Reichsapfel und Zepter in Händen halten. Um sich überhaupt bewegen zu können, stützte sie sich auf den Bischof von Durham sowie auf den Bischof Bath und Wells.

Direkt zu Beginn der Zeremonie gab es einen kurzen Moment, in dem die Königin wie angewurzelt stehen blieb. „Ich erinnere mich, dass ich gegen den Teppichflor stieß und mich nicht mehr bewegen konnte." Der aufwendig bestickte Mantel und der Teppich rieben aneinander. „Daran hatte keiner gedacht", erinnerte sich die Monarchin verschmitzt. Um weitergehen zu können, bat die Königin den Erzbischof Geoffrey Fisher, sie „kräftig anzustoßen"!

Es verlangt Übung, um als ruhige und gelassene Souveränin aufzutreten. Wochen vor ihrer Krönung übte Ihre Majestät jede Zeile und jeden Schritt der Zeremonie. Sie schritt mit beschwerten Laken um die Schultern umher, den schweren Staatsmänteln nachempfunden, und saß mit der schweren St.-Edwards-Krone auf dem Kopf an ihrem Schreibtisch. Selbst heute noch, nach vielen Jahren Erfahrung, wird sie die Imperial State Crown ein oder zwei Wochen vor der Parlamentseröffnung tragen, nur um sich an das Gefühl zu gewöhnen und um sicherzugehen, dass sie mit der Krone auf dem Kopf sicher gehen kann.

> Prinzessin Margaret scherzte nicht, als sie behauptete: „Die Königin ist die einzige Person, die mit einer Hand eine Tiara aufsetzen kann, während sie die Treppe hinuntergeht."

Modellsitzen

Als der berühmte Künstler Lucian Freud 2000–2001 das Porträt der Königin malte, waren mehrere Sitzungen nötig. In dieser Zeit gewöhnte sich das Personal daran, dass die Königin für ihre morgendlichen Zusammenkünfte in vollem Ornat mit Abendkleid und Tiara die Gänge entlang eilte. Künstler und Monarchin sollen sich außerordentlich gut verstanden und über Rennen und Pferde gesprochen haben. Freuds enge Freundin Clarissa Eden sagte: „Lucian amüsierte sich großartig mit der Königin … Sie sagte stets: ‚Wir müssen aufhören zu reden. Wir müssen mit diesem Porträt weitermachen.'"

Als die Königin 2007 zum ersten Mal der berühmten amerikanischen Fotografin Anne Leibovitz Modell saß, entdeckte diese eine ganz andere Seite am Charakter der Königin. Anfangs lief es nicht besonders gut. Die Sitzung wurde zudem für eine Fernsehdokumentation gefilmt und es war vereinbart worden, dass die Königin die Fringe Tiara der Königinmutter tragen sollte, die sie zuerst bei ihrer Hochzeit getragen hatte, zusammen mit ihrem dunkelblauen Hosenbandorden-Mantel und einem formellen langen Brokatkleid. Der Zeitplan im sowieso schon vollen Kalender der Königin war eng und die normalerweise stets pünktliche Monarchin kam zu spät und verkündete: „Ich habe nicht viel Zeit."

Als die Fotografin die Königin bat, ihre „Krone" abzunehmen, um „weniger festlich" zu wirken, deutete Ihre Majestät auf die Zeremonienrobe, die sie trug, und blaffte: „Weniger festlich? Was meinen Sie wohl, was das ist?"

Leibovitz hatte Monate mit der Vorbereitung und der Erforschung der Kulissen verbracht und sich frühere Fotos der Monarchin angesehen. Sie erinnerte sich: „Ich sagte der Königin, wie sehr ich Cecil Barton bewunderte, und dass ich ihn als Vorbild für das Foto nehmen wollte, worauf sie antwortete: ‚Sie müssen es auf Ihre Art machen, meine Liebe.' Sie war sauer auf mich, dass ich so viel Ausrüstung mitgebracht hatte. Anscheinend hatte die Königin eine Fotografin, die nur mit einer Tasche voller Sachen kommt. Sie mag sie so sehr, dass sie sogar mithilft, die Möbel zu verschieben! Ich liebe das!"

Die Königin nahm jedoch Leibovitzs Vorschläge an und die Fotografin konnte die Bilder machen, die sie wollte, und lobte das „Temperament" Ihrer Majestät und ihre Pflichttreue. Die Königin war offensichtlich mit dem Resultat zufrieden und Leibovitz wurde neun Jahre später wieder eingeladen, um 2016 zum 90. Geburtstag der Königin Porträts mit anderen Familienmitgliedern und den Hunden zu machen.

Als echter Profi weiß Ihre Majestät um die richtige Kameraeinstellung und hat ein Auge fürs Detail. Als sie die Ausstellung des British Council mit Lucian Freuds Nackten in Norwegen eröffnete, bemerkte sie zu einem Adjutanten: „Ich habe extra darauf geachtet, dass man mich nicht zwischen diesen dicken Schenkeln fotografierte."

Als ein Kurator die Königin fragte: „Hat Lucian Freud Sie nicht auch gemalt, Ma'am?", antwortete sie lachend: „Ja, aber nicht so."

Gute Beine

Wenn ihre Berater nach dem königlichen Geheimnis für ihre offensichtliche Stärke und Energie sowie ihren entschiedenen Willen, unter allen Umständen weiterzumachen, gefragt werden, wird die Antwort der meisten lauten, dass dies vermutlich ihrer natürlichen körperlichen Fitness, ihrem starken religiösen Glauben und der beständigen Unterstützung durch Prinz Philip zuzuschreiben ist. Ihr ehemaliger Privatsekretär Martin Charteris behauptete einmal: „Die Königin ist so stark wie ein Yak … Sie schläft gut, sie hat sehr gute Beine und sie kann lange stehen."

Die Königin kommentierte ihre augenscheinliche Haltung in allen Umständen: „Seit meiner Kindheit hat man mir beigebracht, in der Öffentlichkeit niemals Gefühle zu zeigen."

Praktisch wie sie ist, hat sie einen Trick, um stundenlang zu stehen, ohne zu ermüden, wie sie einmal gegenüber Susan Crosland, der Gattin von Anthony Crosland, Außenminister in den 1970er-Jahren, erwähnte: „Man stellt sich mit den Füßen auseinander so hin [was sie demonstrierte]. Sie müssen immer parallel stehen. Man muss darauf achten, dass das Gewicht gleichmäßig verteilt ist. Das ist das ganze Geheimnis."

Dieser Trick und das unbestrittene Stehvermögen sind ihr zugutegekommen. Premierministerin Margaret Thatcher mag zwar die „Eiserne Lady" gewesen sein, aber sie besaß nicht die körperliche Stärke der Monarchin. Beim jährlichen großen Empfang für Diplomaten im Buckingham-Palast fiel Margaret Thatcher im Gedränge und in der Hitze in Ohnmacht. Als die Premierministerin sich augenscheinlich zum zweiten Mal in Gegenwart der Königin hinsetzen musste, blickte die ansonsten mitfühlende Königin zu ihr hinüber und bemerkte: „Oh, sehen Sie doch! Sie ist zum zweiten Mal umgekippt."

Prinz Andrew scherzte offenkundig über die Belastbarkeit der Königin: „Sie ist unwahrscheinlich fit, aber wir erinnern das Personal daran, dass sie nicht nur die Monarchin ist, sondern auch unsere Mutter."

David Airlie, der Ende 1984 zum Lord Chamberlain, dem leitenden Beamten des Britischen Hofes, bestellt wurde, war gleich davon eingenommen, wie „außerordentlich praktisch" und „extrem unternehmerisch eingestellt" die Königin war. Er offenbarte, wie sie Aufgaben direkt erledigte und die Haltung an den Tag legte: „Was ist das Problem? Was machen wir?" Wenn sie etwas hinauszögerte, so wusste Airlie gleich, dass sie darüber nachdenken musste. Er wusste zu würdigen, wie klug sie Situationen und Menschen einschätzte. Bei Terminen beispielsweise: „Sie geht langsam weiter, weil sie die Atmosphäre und die Menschen im Raum aufnehmen möchte. Man sieht, wie sie sich beim Gehen im Raum umsieht und alles in sich aufnimmt, und, meine Güte, es überrascht mich immer wieder, was sie alles in sich aufnimmt."

> Die Königin besitzt zudem ein exzellentes Namensgedächtnis. Sie traf ein ehemaliges Stallmädchen, das sich früher einmal um ihr Rennpferd Highclere gekümmert hatte, und Ihre Majestät begrüßte sie herzlich und wusste direkt, wer es war. Ihr letztes Zusammentreffen lag fünfundzwanzig Jahre zurück.

Das Lächeln der Königin

Der ständige Druck auf die Königin zu lächeln, ist wieder eine andere Sache. „Es tut mir einfach weh, zu lächeln", beschwerte sie sich einmal gegenüber ihrem Privatsekretär Martin Charteris, nachdem sie Berichte über ihren grimmigen Gesichtsausdruck bei einem ihrer ersten Staatsbesuche gelesen hatte. „Von Frauen wird erwartet zu lächeln. Wenn ein Mann ernst dreinschaut, dann wird automatisch angenommen, er sei ein ernster Mensch und konzentriere sich auf die Schwere seiner Gedanken."

Die Königin gestand bereits zu Beginn ihrer Regentschaft, dass sie „im Gegensatz zu meiner Mutter nicht ein natürlich lächelndes Gesicht" habe. Das lag zum Teil daran, dass die junge Prinzessin Elizabeth sich den Ratschlag ihrer Großmutter Königin Mary zu Herzen genommen hatte, dass es sich für eine Monarchin nicht zieme, zu lächeln, und sie hatte „immer angenommen, dass die Menschen möchten, dass sie ernst dreinblicke."

Der Porträtmaler Michael Noakes war der Meinung, dass die Monarchin „keine Nuancen im Ausdruck zeige … entweder ein großartiges Lachen oder einen griesgrämigen Blick."

Der Labour-Abgeordnete und Tagebuchschreiber Richard Crossman notierte nach einem Treffen mit der Königin in den 1960er-Jahren: „Ich bemerkte diesmal, stärker noch als beim letzten Mal, wie schüchtern sie sein kann … Sie lacht mit ihrem ganzen Gesicht und kann nicht bloß ein Lächeln zeigen, denn sie ist ein wirklich spontaner Mensch … Wenn sie tief bewegt ist und etwas kontrollieren will, dann sieht sie wie eine dunkle Gewitterwolke aus. Wenn sie durch den lauten Beifall der Menge tief berührt ist, dann blickt sie ziemlich schlecht gelaunt drein."

Der frühere Kabinettssekretär Sir Edward Bridges kam zu demselben Schluss. Die Königin war bei einem Treffen zugegen, bei dem Sir Edward vier Ministern in die Gepflogenheiten zeremonieller Formalitäten einwies. Alles lief schief. Sie knieten auf der falschen Seite, versuchten dann, in die richtige Position zu kriechen, und ließen dabei etwas zu Boden fallen. Die Königin hob es auf, sah aber absolut zornig aus. Später kehrte Sir Edward zurück, um sich zu entschuldigen. Die Königin gestand ihm: „Ich hätte fast lachen müssen." Sir Edward erkannte, dass „als sie ärgerlich aussah, es vor allem daran lag, dass sie ein Lachen zu unterdrücken versuchte."

Andere merkten an, dass das Lächeln der Königin wirklich echt und nicht dieses ewige Grinsen von Politkern sei, und dass sie nur lache, wenn sie etwas wirklich lustig fände oder vom Augenblick bewegt sei.

„Sie öffnet sich beim Lachen", bemerkte ihre Kusine Margaret Rhodes. „Sie lacht mit ihrem ganzen Gesicht."

Die Bediensteten auf Sandringham und Balmoral, wo die Königin sich erholt und Zeit mit der Familie verbringt, gaben an, das Lachen der Königin regelmäßig zu hören.

Tony Parnell, der ehemalige Großknecht auf Sandringham, sagte: „Manchmal kann man ihr Lachen durch das ganze Haus hören. Es ist ein sehr fröhliches Lachen."

Der herzliche Humor der Königin blitzte auch privat oftmals durch, wenn sie auf etwas antwortete, das Prinz Philip zu ihr gesagt hatte, doch erst in den letzten Jahren ist zu beobachten, dass sie bei öffentlichen Auftritten häufiger lacht und ihr fröhlicher Ausdruck in Nachrichtenfotos festgehalten ist.

Howard Morgan, der die Königin in den 1980er-Jahren malte, war verblüfft, wie lebendig und temperamentvoll die Monarchin abseits der öffentlichen Bühne sein kann. Er sagte: „Ihre private Seite überraschte mich total. Sie redet wie eine Italienerin. Sie gestikuliert und ist enorm ausdrucksstark."

Ruth Buchanan, die Frau von Präsident Dwight D. Eisenhowers Protokollchef, Wiley T. Buchanan Jr., hatte sehr lebhafte Erinnerungen an die junge Königin während der königlichen Tour durch Nordamerika im Jahr 1957: „Sie ließ die Schranke nicht fallen. Sie behielt Haltung und hatte ihr Verhalten stets unter Kontrolle, obwohl sie über die Scherze meines Mannes lachte." Mrs. Buchanan berichtete weiter, dass sie eines Tages, als sie wartete, dass ihr Mann die Königin zum Wagen eskortierte, „sie schallend lachen hörte. Man ahnte nicht, dass sie ein so herzhaftes Lachen hatte. Doch in dem Moment, als sie um die Ecke bog und uns sah, riss sie sich sogleich wieder zusammen."

Keep Calm and Carry On

Bei Ehrungen und Ordensverleihungen werden Zeremonien bis ins kleinste Detail geplant. Sie laufen wie ein Uhrwerk ab und die Königin hat dabei ausreichend Erfahrung. Einschließlich OBEs, CBEs und MBEs werden jährlich rund 3.000 Orden in zweiundzwanzig einzelnen Feierstunden im Buckingham-Palast sowie bei zusätzlichen Zeremonien in Edinburgh und Cardiff verliehen.

Jeder Orden hat ein bestimmtes Band und eine Lederschatulle, und vor der Ordensverleihung wird dem Empfänger mitgeteilt, dass die Königin einige kurze Worte zu ihnen sprechen werde, wenn sie das Abzeichen anhefte. Die Königin selbst erklärte einmal: „Es braucht keine lange Unterhaltung, denn sonst würden wir nie fertig … aber immer gelingt das nicht." Sie weiß um die Bedeutung der Auszeichnungen, und zu ihrem diamantenen Thronjubiläum hat sie persönlich 600 Ordensverleihungen vorgestanden. „Manchmal brauchen die Menschen einfach ein Schulterklopfen. Sonst wäre es eine sehr schäbige Welt".

Bei einer Verleihung war der Beginn etwas holperig. Die Ehrenzeichen waren peinlichst genau sortiert und in der richtigen Reihenfolge auf einem Kissen ausgestellt, sodass die Königin sie direkt nehmen konnte, wenn die einzelnen Personen nach vorn traten. Unglücklicherweise hatte kurz vor Beginn der Festlichkeiten ein Mitarbeiter ein Kissen fallen lassen und die Orden waren überall verteilt.

Ohne zu zögern sagte die überaus praktische Königin: „Legen Sie sie einfach hin. Ich verleihe sie und dann können Sie hinterher schauen, ob es passt." Die Zeremonie ging ohne Verzögerung vonstatten und die Königin machte weiter, als sei nichts geschehen. Mitarbeiter klärten das Wirrwarr in einem Nebenbüro und sorgten dafür, dass jeder mit dem richtigen Orden nach Hause ging.

Oh, welch ein Spaß!

Selbst wenn ein Planungsteam zur Organisation königlicher Veranstaltungen bereitsteht, läuft nicht immer alles planungsgemäß. Monarchen scheinen an dieser Ungewissheit sogar noch zu wachsen. So musste eine Hofdame zugeben, dass „die Königin es mag, wenn etwas schiefläuft – dann kommt sie gut zurecht."

Nachdem Ihre Majestät 1969 in Torbayvon der königlichen Barkasse aus die Western Fleet inspiziert hatte, wurde es so stürmisch, dass man entschied, dass es zu unsicher war, von der Prunkbarkasse wieder zurück auf die königliche Yacht *Britannia* umzusteigen. Stattdessen wurde die Barkasse mit allen Personen an Bord seitlich an der Yacht hochgezogen. Nachdem sie wieder sicher an Deck der *Britannia* war, sagte die Königin nüchtern: „Nun, welch ein Spaß, nicht wahr?"

Im Sommer 1977 wurde das Land vom Fieber des silbernen Thronjubiläums ergriffen, dessen Festivitäten mit dem offiziellen Geburtstag der Königin eingeläutet werden sollten. Am Abend des 6. Juni stand die Königin auf dem Snow Hill im Großen Park von Windsor, bereit, das Signal für ein Leuchtfeuer zu geben, das eine Kette von anderen Feuern überall im Land entzünden würde, genau wie damals zu Zeiten der Spanischen Armada. Festmeister und Pyrotechniker Major Sir Michael Parker war besorgt, dass das große Leuchtfeuer sich nicht schnell genug entzünden würde, und hatte es deshalb zusätzlich mit Feuerwerk bestückt und für den Notfall einen königlichen Signalmajor neben den Zünder positioniert.

Bevor die Königin das Leuchtfeuer selbst entzünden konnte, drückte der Soldat gut vorbereitet und voller Eifer den Zünder. Das Feuer loderte auf und die Monarchin trat lachend zurück: „Ich weiß nicht, warum Sie mich überhaupt gefragt haben."

Es gab dann auch noch Probleme mit der Tonanlage und statt des Tons einer Leuchtrakete waren ohrenbetäubende Mörsergeräusche von Feuerwerkskörpern zu hören. „Ihre Majestät, es tut mir furchtbar leid, dass alles schieflief", bekannte Sir Michael. „Tatsächlich lief alles schief, was schieflaufen konnte!"

„Oh, gut", antwortete die Königin strahlend. „Welch ein Spaß!"

Im Auge der Gefahr

Der Gleichmut der Königin ist mehr als nur körperliche Standfestigkeit und die bewundernswerte Fähigkeit, einen kühlen Kopf zu bewahren, wenn um sie herum das Chaos regiert.

Während des Besuchs Ihrer Majestät 1966 in Nordirland warf ein junger Republikaner einen 4 kg schweren Betonklotz auf den langsam vorbeifahrenden Wagen der Königin. Er hatte das Sonnendach treffen wollen, doch der Klotz landete auf der Motorhaube. Nach dem ersten Schock beruhigte sich die Königin schnell wieder und sagte lediglich: „Ein stabiles Auto!"

Anlässlich ihrer offiziellen Geburtstagsfeier am 13. Juni 1981 führte die Königin das offizielle Trooping the Colour an, das vom Buckingham-Palast die Mall entlang zur Horse Guards Parade führte. Sie ritt zum dreizehnten Mal während der Geburtstagsparade auf ihrem Lieblingspferd Burmese – die schwarze Stute war ihr 1969 von der Royal Canadian Mounted Police geschenkt worden. Kurz vor elf Uhr wurden aus der Menge heraus sechs Schüsse auf die Königin abgefeuert. Erschrocken schnellte Burmese nach vorn und hätte beinahe die Königin abgeworfen. Die unerschütterliche Königin zog an den Zügeln und versuchte, das Pferd zu beruhigen. Sie ritt im Schritt weiter, lächelte der Menge zu und beendete die Parade. Die Kugeln erwiesen sich als Platzpatronen, abgefeuert vom siebzehnjährigen Marcus Sarjeant. Er wurde rasch überwältigt und von Wachmännern, Publikum und Polizei festgenommen, und später zu fünf Jahren Gefängnis nach der Treason Act von 1842 wegen des vorsätzlichen Abfeuerns eine Platzpatrone auf Ihre Majestät die Königin, in der Absicht, sie zu ängstigen, verurteilt.

Die Königin gab hinterher zu, dass sie in dem Moment vor dem Schuss den Schützen, der aus der Menge heraus auf sie zielte, flüchtig gesehen habe, aber nicht hatte glauben können, was sie sah. Sie sagte über Burmese: „Es waren nicht die Schüsse, die sie verängstigten, sondern die Kavallerie!" Als sie die Schüsse gehört hatten, hatten zwei Kavalleristen ihre Pferde angespornt und waren an die Seite der Königin geritten, was ihr Pferd noch mehr verängstigt hatte.

Kaum überraschend waren nach dem Vorfall die Sicherheitsvorkehrungen überprüft worden, und man kam überein, dass zukünftig bei der Parade Reiter der Household Cavalry die Königin zum Schutz flankieren sollten. Als im nächsten Jahr einer der Ersten seinen Platz neben ihr einnahm, scherzte die Königin: „Sie wissen, warum Sie hier sind. Sie sind derjenige, der erschossen wird, nicht ich."

Presse und Öffentlichkeit waren in ihrer Bewunderung für die Zähigkeit der Königin vereint. Der *Daily Express* fasste es zusammen: „Ihre Majestät bewies Schneid, Courage, Mut, Unerschrockenheit und Mumm."

Im folgenden Jahr wurde die Königin in den frühen Morgenstunden im Juli von einem fremden Mann geweckt, der neben ihrem Bett stand. Es war Michael Fagan, barfuß und mit Schnittwunden, die er sich beim Einbruch in eines der Fenster des Buckingham-Palastes zugezogen hatte. Mit beeindruckender Coolness sprach die Königin ruhig mit ihm, bevor es ihr gelang, den Sicherheitsdienst zu alarmieren, unter dem Vorwand, Fagan eine Zigarette vom Schreibtisch zu holen. Als schließlich die Polizei eintraf, blieb ein Polizist stehen, um sich die Uniform glattzuziehen, als er die Königin sah: „Also wirklich!", drängte ihn die verärgerte Königin. „Nun machen Sie schon, verdammt noch mal."

Ihr Diener Paul Whybrew kommentierte, dass er glaubte, dass eher Michael Fagan als die Königin einen starken Drink nötig hatte, um sich zu beruhigen.

Später überraschte die Königin Familie und Freunde mit der Geschichte, einschließlich der erschrockenen Reaktion der Kammerzofe – „Mein lieber Schwan, Ma'am, was ist denn hier los?" und imitierte dabei perfekt den nordenglischen Akzent des Mädchens.

Die verschärften Sicherheitsmaßnahmen in allen königlichen Anwesen nach dem Einbruch wurden zu einem Problem für die Königin. Als sie eines Nachts nicht schlafen konnte, entschloss sich die Königin, einen Spaziergang durch den Garten des Buckingham-Palastes zu unternehmen, ihr bevorzugtes Mittel gegen Schlaflosigkeit. Ein übereifriger Sicherheitsmann sah, wie sich jemand im Schatten bewegte. „Wer ist da?", rief er, als eine bekannte Gestalt ins Licht trat. „Verdammt, Ihre Majestät!", rief der überraschte Wachmann aus. „Ich hätte Sie fast erschossen." Schnell entschuldigte er sich für seine Sprache.

Die Königin war weder von der Sprache noch von der geladenen Waffe beeindruckt und scherzte: „Schon in Ordnung. Beim nächsten Mal rufe ich vorher an, dann müssen sie mich nicht erschießen."

Allgemeinhin zeigt sich die Königin unverwüstlich bei Bedrohungen für ihr Leben und zeigt eine eher fatalistische Haltung und bemerkt: „Wenn mich jemand angreifen will, hat er leichtes Spiel."

1961 besuchte sie Ghana auf Einladung von Präsident Kwame Nkrumah, der sein Land 1957 in die Unabhängigkeit geführt hatte. Premierminister Harold Macmillan wollte, dass die Monarchin einsah, dass zu der Zeit eine echte Bedrohung für das Leben des Präsidenten bestand und man fürchtete, dass auch die Königin sich in Gefahr begeben würde, wenn es während ihres Aufenthalts zu einem Attentat kommen sollte. Der Besuch war bereits zwei Jahre vorher festgelegt worden und Ihre Majestät bestand darauf, zu reisen. Entschlossen, sich dem Druck „der Feiglinge im Parlament und der Presse" nicht zu beugen", teilte sie dem Premierminister unmissverständlich mit, dass sie „dazu bestimmt sei, Königin zu sein und nicht Marionette", und fügte hinzu: „Wie lächerlich würde es aussehen, wenn ich Angst hätte, Ghana zu besuchen, und dann reiste Chruschtschow [der sowjetische Ministerpräsent] hin und würde gut empfangen."

Trotz zahlreicher Bombenanschläge in der Hauptstadt Accra fuhr die Königin zusammen mit Präsident Nkrumah im offenen Rolls-Royce durch die vollen Straßen. Sie verzauberte sowohl den Präsidenten als auch die örtliche Presse, die sie „die größte sozialistische Monarchin der Welt" nannte. Ein BBC-Reporter kommentierte: „In diesem offenen Wagen … sie zuckte mit keiner Wimper – Nkrumah neben ihr. Man sah eine sehr ruhige Königin, sehr gelassen – nicht zu viel lächelnd – genau richtig."

1979 warnten Berater die Königin vor einem Besuch in Sambia auf ihrer geplanten Afrika-Tour. Zu der Zeit war das Land in einen langen Kolonialkrieg mit seinem Nachbarn Süd-Rhodesien verwickelt, das versuchte, sich als unabhängiges Simbabwe zu gründen. Amtsleute fürchteten, die königliche Gesellschaft würde gefährlich nah an das Kriegsgebiet herankommen. Die Königin ließ sich nicht beirren und wurde zusammen mit Prinz Philip und Prinz Andrew am 28. Juli von einer begeisterten Menschenmenge in der sambischen Hauptstadt Lusaka begrüßt. Die Königin soll ihren Sicherheitsberatern angeblich gesagt haben: „Natürlich fahre ich. Sie kümmern sich darum, dass ich nicht erschossen werden.“

Die Königin zeigte sich 1992 während des Staatsbesuches in Frankreich wesentlich besorgter um die Sicherheit der königlichen Yacht *Britannia*, als sie in Bordeaux vor Anker ging. Nach dem Staatsbankett für Präsident François Mitterrand an Bord des Schiffes waren weitere Hunderte Menschen auf die Yacht geladen, um sich den traditionellen Auftritt der Band der Royal Marines am Kai anzusehen. Die Crew der *Britannia* achtete darauf, dass alle Gäste gleichmäßig auf dem Schiff verteilt standen, während der diensthabende Offizier gewissenhaft den Neigungswinkel der Yacht im Auge behielt. Da alle von einer Seite zuschauten, wurde die Barkassen auf der anderen Seite ein Stück heruntergelassen, um das zusätzliche Gewicht auszugleichen. Jedoch wusste keiner, dass der französische Präsident ein Überraschungsfeuerwerk geplant hatte, das in dem Moment gezündet werden sollte, in dem die Band aufhörte zu spielen. Als die ersten Raketen in die Luft gingen, drängten alle Gäste auf die andere, bereits beschwerte Seite. Die *Britannia* taumelte gefährlich.

Der Kommandant der *Britannia*, Sir Robert Woodard, erinnerte sich: „Die ganze Yacht senkte sich nach rechts, und zwar soweit, dass mich die Königin fragte: ‚Wird das gutgehen?' … Ich antwortete: ‚Natürlich, geht das gut.' Es hätte nichts gebracht, wenn wir beide in Panik verfallen wären."

Allen Widrigkeiten zum Trotz

Durch ihr ganzes Leben wurde die Königin von ihrem starken persönlichen Glauben getragen. Bei der Krönung war die Salbung einer der wichtigsten Teile der Zeremonie. Die Filmkameras wurden in der Westminster Abbey ausgestellt, als die junge Königin, in einer einfachen weißen Leinenrobe, auf dem König-Edward-Stuhl unter einem Seiden-Baldachin Platz nahm. Geoffrey Fish, Erzbischof von Canterbury, goss heiliges Öl in den Salbungslöffel aus dem 12. Jahrhundert und machte auf ihrer Stirn, den Handflächen und der Brust das Kreuzzeichen, als er Königin Elizabeth II. salbte.

Kanoniker John Andrew, ein Freund der königlichen Familie und oberster Kaplan des folgenden Erzbischofs von Canterbury, erklärte: „Für sie war die eigentliche Bedeutung der Krönung die Salbung und nicht die Krönung selbst. Sie wurde geweiht und das macht sie zur Königin. Es ist das wohl Feierlichste, was ihr in ihrem Leben wiederfahren ist. Sie kann nicht abdanken. Sie bleibt Königin bis zu ihrem Tod."

Auch der frühere Erzbischof von Canterbury, George Carey, hat den „sakramentalen Aspekt, unter dem sie ihre Aufgabe sieht" betont und sieht den Glauben als Teil ihrer Pflicht, und zwar „nicht im Sinne einer Last, sondern als freudigen Dienst". Er glaubt, dass die Königin aus dem Glauben ihre Stärke beziehe und er es ihr ermögliche, selbst die schwersten Probleme zu bewältigen: „Sie hat eine trostreiche Beziehung zu Gott. Sie besitzt wegen ihres Glaubens diese Leistungsfähigkeit, die es ihr ermöglicht, mit allem klarzukommen, was die Welt ihr vor die Füße wirft. Ihr Glaube leitet sich von der Theologie des Lebens ab, das nach einer bestimmten Ordnung verläuft."

Ihre Majestät besucht jeden Sonntag den Gottesdienst, egal, wo auf der Welt sie gerade ist. Lord Carey erklärte, dass die Königin „den Anglikanismus hoch schätze. Sie liebt das Book of Common Prayer, das auch auf Sandringham genutzt wird. Sie hält nicht viel von modernen Gottesdiensten, würde dies aber nie öffentlich kundtun. Ihre bevorzugte Bibel ist die alte King-James-Bibel. Sie liebt die englische Sprache und erfreut sich der Schönheit der Worte. Die Heilige Schrift hat sie tief verinnerlicht."

Wie bei vielen großen britischen Landgütern, handelt es sich bei den Predigern der Gottesdienste auf Balmoral oder Sandringham meist um Gastpfarrer und die Königin und Prinz Philip laden sie häufig ein, bei ihnen zu logieren. Daher erleben kirchliche Würdenträger auch die ungezwungene Seite der königlichen Familie. „In unserer Gegenwart nehmen sie kein Blatt vor den Mund", bemerkte ein Pfarrer der Kirche von Schottland.

Lord Carey sinnierte auch über die unterschiedliche Haltung der Königin und Prinz Philip in Bezug auf den Glauben: „Seine Einstellung ist viel unsteter als die der Königin, stärker auf die intellektuellen Aspekte gerichtet."

Der Erzbischof von York John Setamu sagte 2011 über Prinz Philip: „Bischöfe, die eingeladen sind, auf Sandringham zu übernachten und die Messe zu lesen, müssen sich beim Mittagessen auf ein Trommelfeuer ernster theologischer Fragen gefasst machen, und verstecken können sie sich nicht … In meinem Fall ging es in der Predigt um Jesus, der in Kanaa in Galiläa Wasser in Wein verwandelte. Der Herzog hatte mehrere Erklärungen für dieses Wunder parat, einschließlich eines Ansatzes im Stil Uri Gellers, und holte einen Löffel hervor, den Uri Geller für ihn gebogen hatte. Zu meiner Rettung kam die leise ruhige Stimme Ihrer Majestät der Königin, die sagte: „Philip und seine Theorien …"

Schwierige Zeiten

Mit dem ihr eigenen Unterstatement beschrieb die Königin 1992 als eines der schlimmsten Jahre ihrer Regentschaft: „Es ist kein Jahr, auf das ich mit reinem Vergnügen zurückblicke. Mit den Worten eines der mir sehr wohlgesonnenen Korrespondenten kann es als ‚Annus horribilis' bezeichnet werden."

Das Jahr hatte im Januar mit der Veröffentlichung der kompromittierenden Fotos von Sarah, Herzogin von York, im Urlaub mit dem Ölmagnaten Steve Wyatt begonnen. Kurz darauf erschienen Pressefotos von Prinzessin Diana, wie sie traurig und allein vor dem Taj Mahal, dem berühmten Denkmal der Liebe und Ehe, saß. Im März verkündeten der Herzog und die Herzogin von York ihre offizielle Trennung und im April gingen Prinzessin Anne und Captain Mark Philipps noch einen Schritt weiter und ließen sich wegen seines Ehebruchs scheiden. Prinzessin Anne heiratete im Dezember in aller Stille Commander Tim Laurence.

Der Sommer brachte der königlichen Familien weitere Skandale, als Andrew Mortons Enthüllungsbuch über Prinzessin Diana erschien, das detailliert ihren Kampf gegen Bulimie und Depression in ihrer lieblosen Ehe darstellte. Danach wurden die berüchtigten zehenlutschenden Fotos der Herzogin von York veröffentlicht, diesmal mit ihrem Finanzberater John Bryan. Zu diesem Zeitpunkt war die Jagd auf die königliche Familie freigegeben und nichts schien mehr verboten. Die Peinlichkeiten hielten an, als *The Sun* die angeblichen „Squidgygate-Tonbänder" eines intimen Telefonats zwischen Prinzessin Diana und James Gilbey veröffentlichte. Der Palast äußerte sich nicht dazu.

Jegliche Hoffnungen, dass das Jahr noch ein gutes Ende finden würde, wurden am 20. November zunichte gemacht, als auf Schloss Windsor ein schweres Feuer ausbrach, dem Ort, den die Königin immer als ihr Zuhause betrachtet hatte. Fotos zeigten die Königin allein auf dem Innenhof, mit Regenmantel vor dem Regen geschützt, wie sie die Zerstörung betrachtete, während das Feuer weiterloderte. Ihr Gesicht sprach Bände. Im Dezember wurde bekanntgegeben, dass Charles und Diana sich offiziell trennten, und als hätte das noch nicht gereicht, wurde auch noch eine Abschrift der Weihnachtsansprache der Königin an die Presse weitergegeben.

Die Königin sprach von ihrem *Annus Horribilis*, als sie nur vier Tage nach dem Brand auf Windsor in der Londoner Guildhall eine Rede hielt. Sie war Ehrengast bei einem Essen anlässlich ihres 40. Thronjubiläums. Die Königin litt unter einer schweren Erkältung und Halsschmerzen und hatte 38 Grad Fieber; wahrscheinlich, weil sie zu lange draußen in Regen und Kälte gestanden hatte und dabei hatte zusehen müssen, wie ihr geliebtes Heim in Flammen aufging.

Die Königin sagte weiter: „Ich frage mich manchmal, wie zukünftige Generationen die Ereignisse dieses turbulenten Jahres bewerten werden. Ich wage zu behaupten, dass sie einen etwas moderateren Blick darauf haben werden als einige der heutigen Kommentatoren … [Der Abstand kann] dem Urteil eine zusätzliche Dimension hinzufügen und wird zum Treibmittel für Mäßigung und Mitgefühl – selbst Weisheit, die manchmal in den Reaktionen derer fehlte, deren Aufgabe es im Leben ist, zu allen großen und kleinen Dingen direkt eine Meinung zu haben … Keine Institution … sollte annehmen, frei zu sein von der Prüfung durch diejenigen, die ihnen ihre Loyalität und Unterstützung schenken, ganz zu schweigen von denen, die dies nicht tun … Aber … diese Prüfung… kann genauso viel bewirken, wenn sie mit Sanftmut, Humor und Verständnis vonstatten geht. Diese Art der Befragung kann auch, und sollte auch, als wirksamer Motor des Wandels dienen.

Die moderne Monarchin

Ein weniger starker Charakter wäre versucht gewesen, aufzugeben oder in Selbstmitleid zu verfallen, doch das entspricht nicht der Natur der Königin. In ihrer Weihnachtsansprache in dem Jahr bezog sich die Monarchin auf das Beispiel von Oberst Leonard Cheshire. Wegen seines Muts im Zweiten Weltkrieg war er mit dem Victoria Cross ausgezeichnet worden und für seine unermüdliche Arbeit für Behinderte seit dieser Zeit hatte er einen Order of Merit erhalten. Die Königin hatte den frühen RAF-Piloten Anfang des Jahres wiedergetroffen, kurz vor seinem Tod nach einer langen Krankheit. Sie sagte, dass das Treffen „mehr noch als anderes im Jahr 1992 ihr geholfen hätte, ihre eigenen Sorgen ins rechte Verhältnis zu setzen … Er erwähnte seine eigene Krankheit nicht, sondern erzählte nur von seinen Hoffnungen und Plänen, um das Leben anderer zu verbessern."

Nach einem Jahr voller Skandale und Enthüllungen nahm sich die Königin die Kritik an ihr zu Herzen. Sie und Prinz Charles gaben bekannt, sie würden fortan auf ihr Privateinkommen Steuern entrichten und eine stärkere Prüfung durch das Parlament gestatten. Der Buckingham-Palast verkündete, dass er die Türen für das Publikum öffnen wolle, um Gelder für die Reparaturen von Schloss Windsor aufzubringen. Die Zivilliste wurde gekürzt und die Königin stimmte zu, den Großteil der Ausgaben der königlichen Familien von den Einkünften ihres eigenen Herzogtums Lancaster zu begleichen.

Die Königin erkannte, dass die Monarchie mit der Zeit gehen und sich weiterentwickeln musste, und griff auf Öffentlichkeitsarbeit zurück und leitete Markterhebungen ein. Die „Weg-in-die-Zukunft-Gruppe" bildete sich Mitte der 1990er-Jahre. Hier kamen rang-hohe Mitglieder der Familie und Berater zweimal jährlich zusammen. Neben vielen anderen Veränderungen war es diese Gruppe, die 2013 die Änderung des Gesetzes zur Thronfolgeregelung auf den Weg brachte, die die männliche Primogenitur aufhob. „Wir sind fit für die Zukunft", sagte ein Mitglied des königlichen Haushalts über die beschlossenen Reformen.

Der Verfassungsexperte Professor Vernon Bogdanor lobt, dass die Königin wichtige Veränderungen ihrer Regentschaft überwacht hat, und „eine eher magische Monarchie in eine der Öffentlichkeit dienende Monarchie" umgebaut hat. Das Fernsehen, und seit kurzem die sozialen Medien, veränderten die Beziehung der Krone zur Öffentlichkeit für immer und reduzierten die königliche Privatsphäre. Bogdanor kommentierte auch, dass „wir 1952 eine völlig andere Gesellschaft waren. Anscheinend glaubte da noch ein Drittel der Menschen, dass sie von Gott erwählt sei." Er erklärte, dass die Monarchie früher „entrückt und unnahbar war … [heute] ist es stärker eine utilitaristische Institution, die danach beurteilt wird, was sie zum Staatsdienst und Gemeinschaftsgefühl beiträgt."

Eine königliche Tragödie

Nichts hatte die Königin oder die königliche Familie auf den schockierenden Tod von Diana, Prinzessin von Wales, bei einem

Autounfall in den Morgenstunden des 31. August 1997 vorbereiten können. Es war ein herber Schlag für die Familie und ein tragischer Verlust für ihre beiden jungen Söhne. Die öffentliche Trauer um die verehrte Prinzessin war überwältigend. Großbritannien hatte Vergleichbares noch nie erlebt und zunächst hatte die Königin keine Ahnung, wie sie darauf reagieren sollte.

Wie immer zu dieser Jahreszeit weilten die Königin und Prinz Philip auf Schloss Balmoral, zusammen mit William und Harry, als die schreckliche Nachricht eintraf. Ihr erster Instinkt war, sich um ihre beiden Enkel zu kümmern und alles zu tun, um sie zu schützen. Sie verblieben fernab von den Augen der Öffentlichkeit in Schottland, um sich um die jungen Prinzen zu kümmern. Das führte zu Kritik an ihrem Verhalten und dem Vorwurf, die Monarchin habe den Bezug zur herrschenden Stimmung im Land verloren. Es war ein gefährlicher Moment für die Königin.

Der Ärger richtete sich auf das Versagen des Buckingham-Palasts, die britische Flagge als Zeichen des Respekts vor Diana zu hissen. Es war bis dahin traditionelles königliches Protokoll, dass nur die königliche Standarte über dem Palast wehte, und auch nur dann, wenn die Königin sich dort aufhielt. Alistair Campbell, Leiter des Bereichs Kommunikation in der Downing Street, war sich der Stimmung in den Medien stets bewusst und rief den Palast mit der Warnung an: „Ich weiß nicht, was diese Journalisten vorhaben, aber es hat etwas mit dem Fahnenmast zu tun."

Schließlich bat die Königin darum, den Union Flag über dem Palast auf halbmast zu hissen, und eine neue Tradition war geboren. Seitdem wird diese Flagge gehisst, wenn die Königin nicht anwesend ist, und in Zeiten nationalen oder internationalen Trauerns auf Halbmast gesenkt.

Es stand zudem außer Frage, dass die Beisetzung eine private Familienangelegenheit sein konnte. Stattdessen war ein königlicher zeremonieller Gottesdienst in Westminster Abbey geplant, mit allem Prunk und einem Trauerzug durch die Straßen von St James's Palace.

Als die Königin, Prinz Philip und die zwei Prinzen von Schottland zurück nach London zu Dianas Beerdigung flogen, wurde spürbar, dass die öffentliche Meinung sich änderte und die Atmosphäre auftaute. Angestellte, die das Eintreffen der Familie im Buckingham-Palast beobachteten, erinnerten sich: „Als die Königin sich in einem Wagen näherte, konnte man hören, dass die Menge anfing zu klatschen, zuerst nur vereinzelt, doch dann wurde es herzlicher."

Später kamen die Königin und Prinz Philip heraus, um die versammelte Menge zu begrüßen und sich das Meer aus Blumen anzusehen, das sich am Gitter zum Palast türmte und sich Richtung Mall ergoss. Es war förmlich spürbar, wie sich die Feindseligkeit verflüchtigte. Als die Königin durch Kensington Palace Gardens schritt, wo überall Blumen niedergelegt worden waren, trat ein Mädchen mit einem kleinen Blumenstrauß nach vorn. „Sind sie für Diana?", fragte die Königin. „Nein, Ma'am, für sie." Die Königin war sichtlich gerührt.

Am Vorabend von Dianas Beisetzung wandte sich die Königin in einer Ansprache an ihr Volk und erklärte in einer Weise, wie sie es noch nie zuvor getan hatte, ihre Haltung: „Was ich Ihnen nun sage, als Ihre Königin, und als Großmutter, kommt von ganzem Herzen." Sie würdigte Diana und sagte zu ihrem Verbleiben auf Balmoral: „Wir alle haben versucht, William und Harry beizustehen, diesen großen Verlust zu bewältigen, den sie und wir erfahren mussten." Ihre Majestät schloss mit einer Hoffnung für die Zukunft: „Ich selbst glaube, dass wir von ihrem Leben und diesen außergewöhnlichen und bewegenden Reaktionen auf ihren Tod lernen können", und dass die Beisetzung der Prinzessin ein Moment sei, um „der ganzen Welt zu zeigen, dass das britische Volk in Trauer und Respekt vereint ist."

Die Tragödie veränderte die Wahrnehmung für immer und beschleunigte die Geschwindigkeit der Veränderungen im königlichen Haushalt. Nach Dianas Tod wurden Prioritäten neu bewertet. Der allgemeine Ton änderte sich, genau wie auch die Erkenntnis, dass neue Wege des Handelns gefunden werden mussten.

In einem Interview mit Andrew Marr fasste der Journalist und Biograf der Königin, Robert Lacey, die Dinge folgendermaßen zusammen: „Ich glaube, dass die Regentschaft von Elizabeth II. nicht so sehr nach bestimmten politischen Krisen beurteilt werden wird, sondern vielmehr nach der Art und Weise, wie die Monarchie sich den Medien angepasst hat, die sie fast zu Fall gebracht hätten – ich denke etwa daran, was in der Zeit von Dianas Tod passierte – und seitdem wieder in ruhigeres Fahrwasser manövriert wurde."

Jubiläumsfeiern

Fünf Jahre später nutzte die Königin ihr goldenes Thronjubiläum dazu, den Menschen für ihre Unterstützung zu danken. Sie soll gesagt haben: „Ich muss gesehen werden, damit man mir Glauben schenkt", und sie tat ihr Bestes, um dieses Vorhaben 2002 in die Praxis umzusetzen. Sie und Prinz Philip reisten um die Welt, beginnend mit Besuchen in Jamaika, Neuseeland und Australien, und besuchten innerhalb von achtunddreißig Tagen siebzig Städte im Vereinigten Königreich. In einem Jahr legten sie über 64.000 Kilometer zurück.

Das goldene Thronjubiläumwurde wurde weltweit auf vielfältige Weise gefeiert: eine Party wurde von Forschern der British Antarctic Survey bei Temperaturen von -20 °C veranstaltet; das Empire State Building in New York erstrahlte in Violett; am 3. Juni wurden von der Arktis bis zur Antarktis 2.006 Leuchtfeuer entzündet, die längste Kette aller Zeiten.

In den Gärten des Buckingham-Palastes fanden zum ersten Mal öffentliche Konzerte statt und eine CD des „Party for the Palace"-Konzerts verkaufte sich in der ersten Woche 100.000 Mal. Die Königin war das erste Mitglied der königlichen Familie, dem von der Schallplattenindustrie eine goldene Schallplatte überreicht wurde.

2012 wurde die Königin die zweite Monarchin in der britischen Geschichte, die ein diamantenes Thronjubiläum feiern konnte, was vor ihr nur Königin Victoria 1897 gelang. War 1992 ein Tiefpunkt für die Krone gewesen, so wurde 2012 zu einem Höhepunkt, der die Königin für ihre harte Arbeit, ihre Hingabe und ihren Stoizismus belohnte. An den jubelnden, fahnenschwenkenden Menschenmengen war abzulesen, dass die Monarchie nie beliebter gewesen war.

Diesmal, ein Zugeständnis an ihre sechsundachtzig Jahre, bereisten die Königin und Prinz Philip Großbritannien, überließen die Auslandsreisen jedoch anderen Mitgliedern der königlichen Familie. Am Jubiläumswochenende im Juni fuhr ein Festzug mit einer Flotte von 1.000 Schiffen die Themse herab und vor dem Buckingham-Palast fand ein Konzert statt. Eine Kette von 4.200 Leuchtfeuern wurde entzündet und die Königin besuchte einen nationalen Dankgottesdienst in der St-Pauls-Kathedrale. Im Jahr ihres diamantenen Thronjubiläums eröffnete die Königin 2012 in London die Olympischen Spiele und Paralympics und startete verschiedene Umwelt- und Kulturprojekte.

Die Saphir-Königin

Am 6. Februar 2017 feierte die Königin einen weiteren königlichen Meilenstein in aller Stille auf Sandringham. Das Datum war der 65. Jahrestag ihrer Thronbesteigung. Am Tag zuvor war die lächelnde Monarchin gefilmt worden, wie sie wartende Gratulanten nach dem sonntäglichen Gottesdienst in der St.-Mary-Magdalene-Kirche begrüßte.

Es ist reizvoll, sich zu fragen, was die junge Prinzessin Elizabeth gedacht hätte, hätte man ihr mit fünfundzwanzig Jahren, als sie

Königin wurde, erzählt, dass sie die erste Monarchin sein würde, die ihr Saphir-Jubiläum feiern würde. Fast achtzehn Monate zuvor, am 9. September 2015, war Königin Elizabeth II. die am längsten dienende Regentin geworden, obgleich sie sagte, dass „es niemals ihr Ziel gewesen wäre", den Rekord ihr Ururgroßmutter Königin Victoria zu brechen. In der britischen Geschichte gibt es nur fünf weitere Monarchen, die mehr als ein halbes Jahrhundert regierten: Victoria war mehr als 63 Jahre auf dem Thron, Georg III. 59 Jahre, James VI. von Schottland (auch als James I. von England bekannt) über 57 Jahre, Heinrich III. 56 Jahre und Edward III. 50 Jahre.

Nun, da die stoische Regentin, inzwischen in ihrer zehnten Dekade, nach und nach ein wenig kürzertritt, und die junge Generation des Könighauses mehr öffentliche Pflichten wahrnimmt, wird deutlich, dass die Monarchie sich dem Wandel geöffnet hat, und stärker ist als je zuvor.

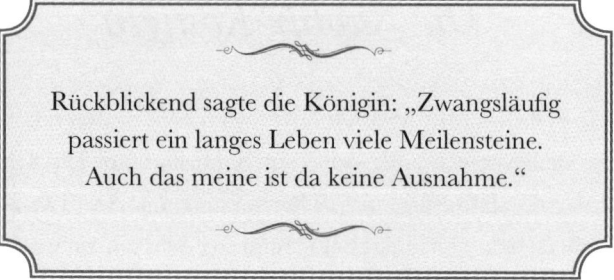

Rückblickend sagte die Königin: „Zwangsläufig passiert ein langes Leben viele Meilensteine. Auch das meine ist da keine Ausnahme."

5

Eine Frage der Diplomatie

Als ein Vorbild an Diplomatie, das in der Öffentlichkeit bekanntlich keine eigene Meinung preisgibt, ist die Monarchin oft berufen worden, Spannungen in staatlichen Angelegenheiten zu mildern. Nach den vielen Jahren ist Ihre Majestät an Treffen mit verschiedenen Menschen aus allen Bereichen des Lebens gewöhnt und behandelt sie alle mit gleichbleibender Höflichkeit. Sie versucht immer, sie zu beruhigen, und stellt immer entsprechende Fragen, doch selbst der Königin fehlten die Worte, als ein Gast bei einer der Gartenfeste im Buckingham-Palast die Monarchin fragte: „Wie geht es Ihnen?" Als sie später darauf zu sprechen kam, musste die Königin eingestehen, dass sie darauf keine Antwort gewusst hatte.

Staatsbesuche und Staatsgäste

Selbst glühende Republikaner sind ihrem Charme erlegen. In den früheren 1980er-Jahren sagte der australische Labour-Chef Bob Hawke voraus: „Die Königin ist eine anständige, hart arbeitende Dame, die eine nützliche Arbeit leistet, doch am Ende des Jahrhunderts wird die Monarchie auslaufen." Tatsächlich zeigten die Ergebnisse der australischen Volksabstimmung ein völlig anderes Bild. Doch als der skeptische Politiker während seiner Zeit als Premierminister im Rahmen eines Commonwealth-Besuchs 1986 die Königin traf, wurde er eines Besseren belehrt und schwärmte: „Sie hat unbestritten den schwersten Job der

Welt und führt diesen mit absolut beachtlicher Fähigkeit und Gelassenheit aus, abgemildert durch einen großartigen Sinn für Humor."

Als auf derselben Reise der Wagen der Königin in Neuseeland mit Eiern beworfen wurde, landete eines auf ihrem pinkfarbenen Mantel. Ihre Majestät war, wenig überraschend, anfangs schockiert, doch sie fasste sich schnell wieder und scherzte, dass sie allgemein ihre Eier „zum Frühstück" bevorzugte.

Die wartende Königin

Der Staatsbesuch in Marokko im Oktober 1980 erwies sich als reichlich chaotisch und es gibt verschiedene Fotos, die zeigen, wie die Königin auf ihren Gastgeber König Hassan II. wartete. Während es in dem ohnehin schon heißen und stickigen Teezelt immer wärmer wurde, scherzte die Königin gegenüber den Fotografen: „Halten Sie Ihre Kameras bereit; Sie erleben vielleicht den größten Streik aller Zeiten."

Im Rahmen der Feiern zum diamantenen Thronjubiläum 2012 lud die Königin Monarchen aus aller Welt zum Mittagessen auf Schloss Windsor. Was Ihre Majestät betrifft, so bleibt man König oder Königin, sofern man nicht abdankt, auch wenn man abgesetzt wird oder das Land republikanisch wird. Das Erstellen eines Sitzplans für den offiziellen Fotografen erwies sich jedoch als protokollarischer Alptraum– wie platziert man alle Monarchen, ohne einen Kaiser oder König zu beleidigen. Die Königin hatte dazu eine geniale Lösung. Als Gastgeberin würde sie in der Mitte aller Monarchen Platz nehmen, während die Monarchen je nach Datum der Thronbesteigung positioniert wurden. So nahmen die Könige von Rumänien und Bulgarien direkt links und rechts von ihr Platz, obwohl keiner von ihnen je auf dem Thron seines Landes gesessen hatte.

Als Vorbild an Diplomatie in den meisten Situationen, versteht es die Monarchin mit ihrer direkten Art, Dinge auf den Punkt zu bringen, und man weiß von ihr, dass sie kein Blatt vor den Mund nimmt, wenn es notwendig ist. Bei einer bemerkenswerten Gelegenheit verwickelte sich ein Botschafter in Widersprüche, als er mit verschiedenen höflichen Umschreibungen und komplizierten psychiatrischen Begriffen einen besonders launischen Politiker zu beschreiben versuchte. Die Königin hörte ihm eine Weile zu und sagte dann: „Sie wollen doch eigentlich sagen, dass er völlig durchgeknallt ist."

1984 gab es ein unerwartetes Problem, als die Königin in Lexington in Kentucky landete. Die Königin braucht keinen Reisepass bei sich zu tragen – Pässe werden schließlich mit ihrer Befugnis und in ihrem Namen ausgestellt – aber ein übereifriger US-Zollbeamter war wild entschlossen, sich an die Regeln zu halten, und wollte ihr die Einreise in die USA verweigern, da sie weder Reisepass noch Visa bei sich hatte, um ihre Identität nachzuweisen, gleichwohl offensichtlich war, um wen es sich handelte. Ein Telefonat mit Washington D.C. konnte das Problem rasch lösen.

Bedienstete des Buckingham-Palastes waren sich einig, dass sie die Königin noch nie so wütend gesehen hatten wie im Jahre 1973, als sie herausfand, dass die Frau eines Commonwealth-Oberhauptes einen Hund nicht nur ins Land, sondern auch in den Palast geschmuggelt hatte.

US-Präsidenten

Sie war Ihre Königliche Hoheit Prinzessin Elizabeth, als sie Dwight D. „Ike" Eisenhower im Zweiten Weltkrieg zum ersten Mal traf, als er Oberbefehlshaber der Alliierten in London war.

Die Kusine der Königin, Margaret Rhodes, beschrieb einen ungewöhnlichen Zwischenfall zwischen Georg VI. und General Eisenhower, der sich in Kriegstagen während ihres Aufenthalts auf Schloss Windsor ereignete. Es war ein sonniger Sommernachmittag. Der König und die Königin, die Prinzessinnen Elizabeth und Margaret sowie Margaret Rhodes tranken gemeinsam Tee auf der oberhalb des Rosengartens gelegenen Terrasse. Der Tisch war förmlich gedeckt mit einem langen weißen Tischtuch und Silberbesteck. Zwischendurch hörten sie Stimmen. Der König rief aus: „Ach, herrje, General Eisenhower und seine Gruppe besichtigen das Schloss. Das hatte ich völlig vergessen. Wir werden gleich im direkten Sichtfeld sein, wenn sie um die nächste Ecke biegen." Die Terrasse war so gelegen, dass die königliche Gesellschaft zu sehen sein würde, aber nicht nach unten kommen oder mit den Besuchern reden konnte. „Ohne ein weiteres Wort und wie auf ein Stichwort hin, tauchte die königliche Familie unter die Tischdecke", erinnerte sich Margaret Rhodes. Bei einem Blick nach oben hätten der General und seine Begleiter einen „Tisch gesehen, der durch das gemeinsame und unkontrollierte Kichern derer, die sich darunter versteckten, wackelte."

Jahre später, 1957, als die Königin als Monarchin Präsident Eisenhower während ihres ersten Staatsbesuchs in den USA wiedertraf, erzählte sie ihm von dem Zwischenfall mit der Teerunde in Kriegszeiten, was ihn sehr amüsierte. Auf ihrer Reise durch die USA wurden sie und Prinz Philip überall von begeisterten Menschenmengen begrüßt und an einer Station rief ein Kongressabgeordneter: „Wir haben uns alle in die Königin verliebt, Ike!"

Die ausgedehnte Tour führte das königliche Paar entlang der Ostküste, unter anderem nach Jamestown, Virginia, die erste britische Siedlung der Neuen Welt im 17. Jahrhundert, sowie nach Washington D.C. und New York City. Die Königin hatte sich für ihre Reise gewünscht, ein American-Football-Spiel anzusehen, und sie saß in einer speziell errichteten „königlichen Loge" an der 50-Yard-Linie und schaute sich das Spiel der Universität Maryland gegen die Universität North Carolina an. Unter dem Jubel von 43.000 Fans betrat die „kleine britische Regentin", wie sie genannt wurde, das Spielfeld, um mit den Spielern beider Mannschaften zu sprechen.

Nach dem Football-Spiel besuchte die königliche Gruppe einen Supermarkt. Kaum vorstellbar, was für ein Novum dies darstellte, doch zu der Zeit waren Supermärkte noch äußerst selten und weder die Königin noch Prinz Philip hatten je einen betreten. Sie waren überrascht von dem großen Angebot und den Warenmengen, die im starken Kontrast zu Großbritannien standen, wo die Knappheit der Nachkriegszeit noch überall zu spüren war. Auch Einkaufswagen waren für sie etwas völlig Neues.

„Wie schön, dass man seine Kinder mitnehmen kann", sagte die Königin und deutete auf den kleinen Kindersitz in einem Wagen.

Die Königin hatte sich zum Abschluss einen Besuch in Manhattan gewünscht, dem Ort, den sie seit ihrer Kindheit hatte sehen wollen, doch sie wollte sich „ihm vom Wasser aus nähern". Als sie die berühmte Skyline von Downtown vom Deck der US-Armeefähre zum ersten Mal sah, benahm sich die Königin wie jeder andere aufgeregte Tourist. „Wow", rief sie, um dann die Silhouette mit einer „Reihe von großartigen Juwelen" zu vergleichen.

Während der Reise traf die Königin auf den früheren Präsidenten Herbert Hoover sowie auf den zukünftigen Präsidenten Richard Nixon, der zu der Zeit Vizepräsident war.

Die amerikanische und britische Presse erklärte den Besuch zu einem vollen Erfolg und in einem Brief an das königliche Paar schrieb Eisenhower: „Mit Ihrem Charme und Ihrer Liebenswürdigkeit haben Sie beide die Herzen unseres Volkes erobert."

Im Juni 1959 unternahmen die Königin und Prinz Philip eine sechswöchige Reise nach Kanada und besuchten alle Territorien und Provinzen. Sie nahmen sich auch Zeit, um die Eisenhowers an Bord der königlichen Yacht *Britannia* zum Mittagessen einzuladen, und machten einen kurzen Zwischenstopp in Chicago. Der dortige Bürgermeister erklärte: „Ganz Chicago gehört Ihnen!" Präsident Eisenhower hatte dem königlichen Paar eine Staatslimousine zur Verfügung gestellt und schrieb hinterher, dass sein Chauffeur behauptete, „niemals größere Begeisterung bei den Menschenmassen, die die Straßen säumten, festgestellt zu haben."

Die Königin hatte ein inniges Verhältnis zum früheren General und er erlebte häufiger die entspannte und private Seite der Monarchin. Als er während seiner Weltreise Ende August 1959 in Großbritannien Station machte, flogen Präsident Eisenhower, seine Frau Mamie und ihr Sohn Jon nach Aberdeen, wo Prinz Philip auf sie wartete, um sie zu einem Aufenthalt mit der königlichen Familie und Gästen auf Balmoral abzuholen. Als sich der Rest der Gesellschaft zur Moorhuhnjagd aufmachte, schloss sich der Präsident ihnen nicht an und blieb mit der Königin, die damals mit Prinz Andrew schwanger war, zurück. Sie bereiteten ein Picknick vor und die Königin ließ ihn Scones aufbacken. Sie hatte während des Krieges von einem Koch auf Windsor backen gelernt. Der Präsident fand die Scones köstlich und war so beeindruckt, dass er um das Rezept bat. Die Königin schickte es ihm im folgenden Januar in einem Brief und vergaß auch die Zubereitung nicht: „Der Teig muss kräftig geschlagen werden."

Als Eisenhower später Premierminister Harold Macmillan auf Chequers traf, nannte er seinen Aufenthalt auf Balmoral „in jeder Hinsicht perfekt".

Im Juni 1961 gaben die Königin und Prinz Philip Präsident John F. Kennedy und seiner Frau Jackie zu Ehren ein üppiges Bankett im Buckingham-Palast. Er war der erste amerikanische Präsident seit dem Ende des Ersten Weltkrieges, als der Großvater der Königin, Georg V., Präsident Woodrow Wilson zu Gast gehabt hatte, dem diese Ehre zuteil wurde.

Die First Lady vertraute der Königin an, dass sie offizielle Reisen sehr gezwungen und ermüdend fand. Die Monarchin zeigte sich mitfühlend und gestand: „Man wird nach einer Weile ganz schön ausgefuchst und weiß, wie man sich retten kann."

Anschließend war Jackie Kennedy weniger diplomatisch und erzählte Gore Vidal, dass die Königin „ganz schön schwierig war" und mutmaßte, dass „die Königin mich nicht mochte. Philip war nett, aber nervös. Man spürte absolut keine Verbindung zwischen den beiden." Es mag sein, dass die Königin einen Teil der Kommentare mitbekam, vor allem, weil die First Lady gegenüber dem königlichen Fotografen, Cecil Beaton, auch die Einrichtung, die Blumen und den persönlichen Stil der Königin kritisierte.

Ganz Diplomatin, hielt das Gerede die Königin nicht davon ab, Jackie Kennedy und ihre Schwester Lee Radziwill einige Monate später zum Mittagessen im Buckingham-Palast zu empfangen. Diesmal schienen sich die beiden gut zu verstehen, und danach schrieb die Königin an Präsident Kennedy: „Es war mir ein großes Vergnügen, Mrs. Kennedy wiederzutreffen." Die Präsidentengattin ihrerseits war sehr taktvoll, als sie von der Presse nach dem Mittagessen gefragt wurde: „Ich glaube nicht, dass ich etwas darüber sagen sollte, außer, dass ich sehr dankbar bin und dass sie sehr charmant war."

Die Königin sollte JFK nicht wiedertreffen. Am 22. November 1963 kam die schockierende Nachricht von seiner Ermordung und die Königin und der Rest der Welt waren im Schmerz vereint. „Diese noch nie da gewesene starke Woge der Trauer, vermischt mit etwas, das einer Katastrophe gleichkam, die bei der Nachricht vom Attentat auf Präsident Kennedy über Menschen fegte, war ein Maß für unsere Anerkennung des von ihm bisher Erreichten und für die hochgesteckten Erwartungen, die wir für die Zukunft in ihn gesteckt hatten und die sich nun nie erfüllen werden."

Prinz Philip und Premierminister Alec Douglas-Home flogen zur Beisetzung nach Washington, doch da die Königin zu der Zeit mit Prinz Edward schwanger war, hatten die Ärzte ihr empfohlen, nicht zu fliegen. Sie hatten ebenfalls davon abgeraten, den Gedenkgottesdienst in der St.-Pauls-Kathedrale zu besuchen. Stattdessen hielt sie ihren eigenen Gottesdienst in der St George Chapel auf Windsor ab und lud im Vereinigten Königreich stationierte amerikanische Soldaten ein.

Im Mai 1965 weihte die Königin ein Denkmal zu Ehren des Präsidenten in Runnymede ein, der Stelle, wo 1215 die Magna Charta unterzeichnet wurde. Jackie Kennedy und ihre Kinder begleiteten die Königin und Prinz Philip zur Zeremonie, wobei Kennedys junger Sohn John die Hand des Prinzen hielt. Die Königin sprach einige herzliche Worte, in denen sie JFKs „Verstand und Stil" würdigte, und die Verbindungen des Präsidenten zu Großbritannien erwähnte und mit dem Satz endete: „Mit ganzem Herzen teilte mein Volk seine Triumphe, trauerte um seine Rückschläge und weinte bei seinem Tod." Der von der britischen Regierung eingerichtete Kennedy Memorial Trust vergibt Stipendien an britische Graduierte für ein Studium an der Harvard-Universität oder dem Massachusetts-Institut für Technologie (MIT).

Kurz zu erwähnen sei Präsident Jimmy Carter, der sich anlässlich einer NATO-Tagung 1977 bei seinem Besuch im Buckingham-Palast den ultimativen Fauxpas leistete, als er die Königinmutter auf die Lippen küsste ... Er versuchte anscheinend, sie voller Wohlwollen wie seine eigene, geliebte Mutter zu behandeln, schätzte die Situation aber völlig falsch ein. „Anschließend äußerte sich die Königinmutter: „Ich trat einen Schritt zurück, aber anscheinend nicht weit genug." Das war das zweite und letzte Mal, dass Präsident Carter mit der Königin zusammentraf. Mit seinem Nachfolger im Präsidentenamt wurden besondere Beziehungen in formeller Art aufgenommen.

Die „besondere" Beziehung

In der langen Herrschaft von Königin Elizabeth II. gab es bisher dreizehn verschiedene US-Präsidenten, angefangen mit Harry S. Truman. Sie hat alle, bis auf einen (Lyndon B. Johnson verpasste sie), in Großbritannien und Amerika getroffen. Fairerweise muss gesagt werden, dass einige Beziehungen enger waren als andere.

Präsident Ronald Reagan war der erste US-Präsident, der mit einer Frau Nancy im Juni 1982 auf Schloss Windsor übernachtete. In seinen Memoiren beschrieb er es als „märchenhaften Besuch" und erklärte, dass sein Besuch dort eines der liebsten Erlebnisse als Präsident gewesen war.

Die Königin und der Präsident teilten die Liebe zum Reiten und genossen die gemeinsamen Ausritte in Windsors Home Park. Fotos aus jener Zeit zeigen, wie wohl sich die beiden in der Gesellschaft des anderen fühlten. Reagan äußerte, wie „charmant … und normal" die Königin war, und als sie Burmese ritt, ihre schwarze Stute, beobachtete er, dass „sie das Tier führte!"

Als die Königin während ihrer Reise durch die USA 1983 in Kalifornien landete, hatte sie Sonnenschein erwartet. Stattdessen goss es in Strömen, was die Königin mit ihrem trockenen Humor veranlasste zu sagen: „Ich wusste bereits vor meiner Ankunft, dass wir viele Traditionen in die Vereinigten Staaten exportiert haben. Doch bisher war mir nicht bewusst, dass auch das Wetter dazugehörte."

Das ungewöhnliche Wetter führte zu einigen Kleiderpannen auf Seiten der sonst stets gut vorbereiteten Monarchin. Auf Staatsbesuchen muss die Königin für alle Eventualitäten Kleidung im Gepäck haben, was bedeutet, dass sie für einen Tag eine Auswahl von drei Outfits plus Trauerkleidung „nur für den Notfall" dabeihaben muss. Das mitreisende Personal achtet stets darauf, dass das königliche Gepäck vor Ihrer Majestät eintrifft.

Allerdings hatte an der Westküste jeder mit Sonne gerechnet und die Königin hatte eine Auswahl leichter Sommerkleider im Gepäck, passend zum Wetter. Als sie jedoch den schlimmsten Stürmen seit Jahrzehnten ausgeliefert war, blieb der Königin keine andere Wahl, als jeden Tag ihren praktischen Regenmantel zu tragen. Er war auf jedem Foto zu sehen, bis Prinzessin Margaret sich irgendwann genötigt sah, vorzuschlagen, ihre Schwester möge sich doch einen anderen Mantel zulegen.

Bei ihrer Ankunft auf Reagans Rancho del Cielo nahe Santa Barbara, nach einem erneuten Wolkenbruch und einer quälenden Jeep-Fahrt, blitzte bei der Königin wieder der gewohnte Humor und die Fähigkeit, das Beste aus der Situation zu machen, durch. „Es ist ein echtes Abenteuer!", erklärte sie voller Begeisterung.

Die Königin hatte seit langem den Wunsch gehegt, die Westküste der USA zu sehen, und war enttäuscht gewesen, als das Ziel 1957 aus „Zeit- und Protokollgründen" entfallen war. Jetzt waren sie und Prinz Philip auf private Einladung der Reagans hier und der Zeitpunkt schien ideal. So kommentierte die Königin: „Welch bessere Zeit könnte man wählen, wo doch jetzt der Präsident Kalifornier ist?"

Zwischen der Königin und Präsident Reagan entwickelte sich über die Jahre eine Freundschaft, die weit über die höflichen Formalitäten zweier Staatsoberhäupter hinausging. Nach ihrem Besuch 1983 besuchten die Reagans 1984 und 1988 das Vereinigte Königreich.

1989 verlieh die Königin Reagan die Honorary Knighthood, die höchste Auszeichnung für einen Nicht-Briten. Der Ritterorden war eine Würdigung der Unterstützung des Präsidenten für Großbritannien 1982 im Falklandkrieg und sie überreichte ihm das ehrenvolle Knight Grand Cross des Order of the Bath nach einem offiziellen Mittagessen im Buckingham-Palast. So wurde der ehemalige US-Präsident zu Sir President Ronald Reagan. Aktenkundig ist, dass er sagte, wie stolz er war, eine solche Auszeichnung zu erhalten.

Während der offiziellen Reden anlässlich eines königlichen Staatsbesuches 1991 stellte Präsident George Bush Senior Rednerpult und Mikrofon für die Königin falsch ein, sodass die Zuhörer nur die Oberkante ihres violett-gestreiften Huts sehen konnten.

„Ich sehe nur einen sprechenden Hut", sagte ein NBC-Kommentator.

Die Königin nahm es humorvoll und einige Tage später, als sie als erste britische Monarchin vor dem Kongress sprach, begann sie ihre Rede scherzend: „Ich hoffe, dass Sie mich heute sehen können."

Der frühere britische Diplomat und Botschafter in den USA, Sir David Manning, äußerte sich zu der Beziehung der Königin mit Präsident Bush Senior: „Sie fühlte sich wohl mit Bush [Präsidentennummer] einundvierzig. Sie hatten ein herzliches Verhältnis." Er fügte hinzu, dass sie „auch mit Bush dreiundvierzig ein lockeres Verhältnis hatte."

Im Rahmen der Feierlichkeiten 1994 zum 50. Jahrestag des D-Day richteten die Königin und Prinz Philip ein Staatsbankett in Portsmouth aus und luden US-Präsident Bill Clinton und seine Frau Hillary zur Übernachtung an Bord der *Britannia* ein. Nach seinem Gespräch mit der Monarchin war Clinton beeindruckt von „der klugen Art, in der sie öffentliche Themen diskutierte, mich nach Einblicken und Erkenntnissen fragte, ohne in irgendeiner Weise ihren eigenen politischen Standpunkt erkennen zu lassen … Ihre Majestät beeindruckte mich als ein Mensch, der durchaus, wären da nicht die Umstände ihrer Geburt, eine Karriere als Politikerin oder Diplomatin hätte machen können. Doch die Umstände waren nun einmal so, dass sie beides war, ohne eines von beidem zu sein."

Im Mai 2007 zwinkerte Präsident George W. Bush der Königin zu, nachdem er Daten verwechselt hatte und sich auf ihren Besuch 1776 im Weißen Hause bezog, statt 1976 zur amerikanischen Zweihundertjahrfeier. Der Präsident sagte später, dass „sie mich anschaute, so wie nur eine Mutter ihr Kind anschauen kann."

Der königliche Besuch 2007 war nicht die erste Begegnung zwischen der Königin und George Bush Junior. Sie fand ihn und seine Frau Laura sehr umgänglich, genau wie seine Eltern. Bei einem Dinner in der britischen Botschaft am Ende ihrer Reise, bestand die Königin darauf, dass auch Präsident George Bush Senior und seine Frau Barbara mit auf das offizielle Foto kommen sollten.

Als die Königin nach dem Abendessen ihre Rede mit den Worten begann: „Mr. President, ich habe mich gefragt, ob ich diesen Toast einleiten könnte mit den Worten: ‚Bei meinem Besuch 1776 …'" brach der ganze Saal in Gelächter aus.

Barack und Michelle Obama trafen die Königin und Prinz Philip zum ersten Mal 2009 im Buckingham-Palast. Fotos zeigen die vier lächelnd und entspannt. Die Welt sah mit angehaltenem Atem zu, als Mrs. Obama ihren Arm um die Königin legte, doch die Monarchin schien nichts dagegen zu haben und erwiderte diese Geste. Während des zweiten Besuchs 2011, war es der Präsident, der einen Fehler machte, als er einen Toast auf die Königin aussprach und dann über die Nationalhymne hinweg sprach und scherzte, die Musik wäre die Untermalung zu seiner Rede.

Bei ihrem dritten Besuch 2011 war das Verhältnis inzwischen so entspannt, dass der Präsident direkt nach vorn zu Prinz Philip ins Auto stieg, als die Königin und Prinz Philip die Obamas zu einem Mittagessen auf Schloss Windsor abholten. Die First Lady zögerte einen Augenblick, aus Sorge, das königliche Protokoll zu verletzen. „Oh, das ist alles Quatsch", sagte die Königin und gab ihr zu verstehen, einzusteigen. „Steigen Sie einfach ein."

Eine großartige Marke

Der aktuelle Amtsinhaber im Weißen Hauses soll angeblich gleich mehrere Fauxpas gemacht haben, als er die Monarchin während seines Besuches in Großbritannien im Sommer 2018 traf. Präsident Donald Trump kam zehn Minuten zu spät, schüttelte der Königin die Hand, statt sich vor ihr zu verneigen, lief vor ihr her und drehte ihr schließlich den Rücken zu.

Der Präsident nannte sie eine „tolle Person", war aber erstaunlich zurückhaltend, als es um den Inhalt ihrer Unterhaltung ging, und sagte stattdessen: „Ich sage Ihnen, was ich Ihnen erzählen kann. Sie ist eine unglaubliche Frau, sie ist so scharfsinnig, sie ist so schön, mit schön meine ich – innerlich und äußerlich. Das ist eine schöne Frau." Und weiter: „Wenn Sie sich überlegen, dass sie so viele Jahre dieses Land repräsentiert hat und niemals einen Fehler gemacht hat. Keine peinliche Situation. Sie ist einfach eine unglaubliche Frau."

Die Königin zeigte sich diplomatisch wortkarg, zumindest in der Öffentlichkeit und offiziell, zum Thema von Präsident Trumps Staatsbesuch im Juni 2019. Kurz bevor die Air Force One auf dem Flughafen Stansted landete, gab es eine Flut umstrittener Tweets vom Präsidenten und einige höchst merkwürdige Kommentare zur Herzogin von Sussex, doch es bestand allgemein die Überzeugung, dass es nichts gab, mit dem die langjährige Monarchin nicht umzugehen wüsste.

Beim Staatsbankett am Ende des ersten Tages, am Vorabend der Gedenkfeiern zum 75. D-Day, war man sich sicher, dass die Königin in ihrer Rede dem Präsidenten eine subtile Botschaft sandte, die eine fein verhüllte Kritik an seiner Politik enthielt: „Nach den gemeinsamen Opfern im Zweiten Weltkrieg arbeiteten Großbritannien und die Vereinigten Staaten zusammen mit ihren Verbündeten daran, eine Versammlung internationaler Institutionen zu errichten, damit sich die Schrecken eines Konflikts nie wiederholen sollten."

Nach königlichen Begriffen schien der Besuch jedoch ohne große Protokollfehler abzulaufen. Der langjährige Freund des Präsidenten, der Vorstandsvorsitzende von Newsmax Media, Christopher Ruddy, der ebenfalls beim Bankett zugegen war, sagte in der BBC-Sendung *Today*: „Die Trumps und Ivanka waren da. Don Junior. – Ich sprach gestern Abend mit ihnen allen – Jared. Sie waren so beeindruckt und diese Leute sind nicht leicht zu beeindrucken. Sie haben ihre eigenen Tanzsäle und Paläste ... sie sind also an einen sehr hohen Lebensstandard gewöhnt, sozusagen die amerikanische Königsfamilie, könnte man sagen." Er fuhr fort: „Der Präsident hat riesigen Respekt vor dem britischen Königshaus und vor Großbritannien. Er ist ein Präsident, der Marken liebt. Die Königin besitzt die größte und wichtigste Marke der Welt, nicht wahr? Ich glaube, er ist davon absolut beeindruckt."

Entente Cordiale

Die Beziehungen zum nächsten Nachbarn des Vereinigten Königreiches sind nicht immer die engsten, doch die Königin hat stets ihren Teil dazu beigetragen, dass die Beziehung herzlich bleibt.

1960 lud die Königin den französischen Präsidenten Charles de Gaulle und seine Frau zu einem Staatsbesuch ein. Es sollte ein unvergessener Aufenthalt mit allem Prunk und aller Pracht werden, die Großbritannien aufbringen konnte. Es begann mit einer offiziellen Begrüßung. Die Königin und der Präsident fuhren mit einem offenen Landauer von der Londoner Victoria Station zum Buckingham-Palast. Zuschauer säumten die Straßen, als die Parade mit berittener Ehrengarde und Marschkapelle vorbeizog. Ein Mittagessen mit der königlichen Familie und ein Staatsbankett schlossen sich an, sowie de Gaulles Rede im Parlament, eine königliche Gala im Covent-Garden-Opernhaus und ein prachtvolles Feuerwerk am Palast. Anschließend schrieb der Präsident, dass er der Meinung war, dass die Königin „über alles bestens informiert war, dass ihre Einschätzungen zu Menschen und Ereignissen klar und wohl überlegt waren, und dass niemand sich mehr Gedanken um die Fürsorge und die Probleme unseres sturmumtosten Zeitalters machte."

Die Königin ist bei der französischen Öffentlichkeit immer sehr beliebt gewesen. Als sie als jung vermählte Prinzessin 1948 das Land besuchte, strömten die Menschen zusammen, um einen Blick auf „Zizette" zu erhaschen, wie viele Franzosen sie nannten.

Sir Oliver Harvey, britischer Botschafter zu der Zeit, berichtete dem Außenministerium: „Es war ein ungewöhnliches Erlebnis, zu sehen, wie die Bürger von Paris einer englischen Prinzessin auf dem Place de la Bastille zujubelten." Ein früherer britischer Botschafter in Frankreich, Sir Christopher Mallaby, glaubt, dass „die Franzosen denken, dass eine Monarchie eine großartige Sache für andere Völker sei, nicht aber für sie." Und die Königin wird auf ihren regelmäßigen Besuchen im Land immer wieder herzlich empfangen.

Auf der Rennbahn von Chantilly, wo sie im Juni 1974 ihrem Stutfohlen Highclere beim Rennen Prix de Diane – dem französischen Pendant von The Oaks – zusehen wollte (das es zudem gewann), wurde die Königin von den Rennbesuchern begeistert mit dem Ruf „Vive la Reine!" umlagert. Ihr Rennleiter Lord Porchester, Gestütsleiter Sir Michael Oswald und eine Gruppe von Gendarmen mussten gemeinsam einschreiten, um die Monarchin vor der Menge zu schützen.

Im Mai 1972, nur sieben Monate, bevor Großbritannien der EU beitrat (damals noch die Europäische Wirtschaftsgemeinschaft), besuchte die Königin Frankreich und fasste den Sachverhalt folgendermaßen zusammen: „Wir fahren zwar auf unterschiedlichen Straßenseiten, aber wir steuern in dieselbe Richtung." Sie und Prinz Philip sprechen fließend Französisch und bedienen sich der

Sprache häufig auf Staatsbesuchen, sodass sie nicht die Dienste eines Dolmetschers in Anspruch nehmen müssen.

Im Juni 2014, während eines Staatsbanketts auf Einladung des französischen Präsidenten Françoise Hollande in Paris, nahm Ihre Majestät erneut Bezug auf die einzigartige Beziehung zwischen beiden Ländern und sprach auf Französisch von ihrer „Freundschaft, humorvollen Rivalität und Bewunderung". Sie sah den Ärmelkanal nicht als „eine Linie der Teilung, sondern als Linie der Union", was im Französischen zu einem gelungenen Wortspiel führte, da *trait d'union* (Linie der Union) wörtlich „Bindestrich" bedeutet. Zu der Zeit war die Königin zum 70. Jahrestag der D-Day-Landungen nach Frankreich gereist, und als letztes Staatsoberhaupt, das im Zweiten Weltkrieg eine Uniform getragen hatte, wurde sie von den übrigen Staatsoberhäuptern mit einer Standing Ovation gegrüßt. Vom gewöhnlichen Volk und den Kriegsveteranen kam der übliche Chor von „*Viva la Reine!*"

> Annie Leibovitz Fotoporträt der Königin 2017 erschien entgegen üblicher Gepflogenheiten auf der Titelseite der französischen *Vanity Fair* sowie auf den britischen und amerikanischen Ausgaben, was völlig unüblich ist. In Frankreich lautete die bewundernde Überschrift „*La reine du cool*".

Ganz ungewohnt sorgte die Königin beinahe für einen diplomatischen Eklat, als sie im Mai 1965 in Koblenz in Deutschland sprach. Ihr Staatsbesuch fand kurz vor dem 150. Jahrestag der Schlacht von Waterloo statt, dem berühmten britischen Sieg über Napoleon Bonaparte und Frankreich, bei dem der Herzog von Wellington von der preußischen Armee unterstützt worden war. Die Königin nahm Bezug auf die historische Zusammenarbeit und fuhr fort: „Seit fünfzig Jahren hörten wir viel von den Dingen, die uns getrennt haben, lassen Sie uns nun gemeinsam an die Dinge erinnern, die uns vereinen."

Die Franzosen zeigten sich wenig begeistert und wütende Überschriften erschienen in einer Pariser Zeitung, die auf den „ungeheuerlichen Fauxpas" der Königin Bezug nahmen.

Der Besuch der Königin in Deutschland war demgegenüber ein unvergleichlicher Erfolg, vor allem ihr Besuch in Berlin und an der Berliner Mauer, was zu einer Reihe von diplomatischen Diskussionen darüber führte, wie viel die Königin von der Mauer sehen konnte, ohne die Sowjets zu beleidigen.

Zu diesem Ereignis kam eine große Zahl von Ostberlinern zusammen, um einen Blick auf Ihre Majestät und Westberliner zu erhaschen; sie, die aus „einer belagerten Stadt …" kamen, „waren besonders glücklich, zu den wenigen Auserwählten zu gehören, die dem Ereignis beiwohnen durften." Die deutsche Zeitung *Bild* erschien mit der Schlagzeile „Ihre Majestät, Sie waren wunderbar."

Dies war eine von vielen Reisen nach Deutschland im Laufe der Jahre, mit zahlreichen offiziellen Besuchen und fünf

Rundreisen durch die Bundesländer. 1978 stand die Königin erneut in Berlin an der Mauer und erklärte vor einer großen dankbaren Menschenmenge: „Mein Volk steht hinter Ihnen." Auch 1992 war sie bei der Wiedervereinigung von Ost und West zugegen und wohnte einer Messe zu Ehren der zivilen Opfer der Bombenangriffe auf Dresden in Kriegstagen bei. Dazu sang ein Chor der Kathedrale von Coventry und Prinz Philip las einen Text auf Deutsch.

2015 blickte die Königin abermals auf Vergangenheit und Gegenwart zurück und traf Überlebende und Befreier des Konzentrationslagers Bergen-Belsen. Der damalige Premierminister David Cameron war ebenfalls anwesend und bemerkte: „Sie wird in Deutschland geliebt. Die Menschen waren völlig aus dem Häuschen. Ich war wirklich beeindruckt, wie viele Male sie schon dort war und wie hart sie an dieser Beziehung gearbeitet hat." Am Ende des königlichen Besuches 2015 titelte *Bild*: „We love you, Ma'am."

Historische Treffen

Beim Treffen mit dem russischen Präsidenten Boris Jelzin im Kreml während ihrer historischen Russland-Reise 1994 sagte die Königin in ihrer Rede auf dem Staatsbankett: „Sie und ich haben den Großteil unseres Lebens geglaubt, dass dieser Abend nie kommen würde. Ich hoffe, dass Sie genau wie ich hoch erfreut sind, dass wir uns geirrt haben."

Jelzin seinerseits brachte einen Toast auf die Königin als leuchtendes Zeichen der Stabilität aus: „In Russland sehen wir die Königin als Personifizierung staatlicher Weisheit, historischer Kontinuität und nationaler Größe. Ihre Majestät, Sie tragen Ihre Aufgabe mit Würde und bestätigen einen wichtigen Gedanken: Die Monarchie kann ein fester Bestandteil eines demokratischen Regierungssystems sein, ein Inbegriff für die geistige und historische Einheit einer Nation."

Boris Jelzin war nicht der erste russische Staatschef, der von der Königin bezaubert war. Auf dem Höhepunkt des Kalten Krieges 1956 kamen der Erste Sekretär der Kommunistischen Partei der Sowjetunion Nikita Chruschtschow und sein Ministerpräsident Nikolai Bulganin zu einem Staatsbesuch nach Großbritannien. Obwohl sie keine Gäste der Königin waren, wollten sie sie während ihres Aufenthalts gern treffen. Sie wurden auf Schloss Windsor eingeladen, wo die Königin und Prinz Philip sie herumführten und russischen Tee servierten. Danach hatte sie Präsident Chruschtschow für sich gewonnen und er sagte, wie beeindruckt er gewesen wäre, weil die Monarchin „eine solch angenehme, ruhige Stimme hatte. Sie war vollkommen uneitel, ohne jede Überheblichkeit, die man von einer königlichen Hoheit erwartet hätte … In unseren Augen war sie vor allem die Gattin ihres Mannes und die Mutter ihrer Kinder."

Die Königin beschrieb das erstmalige Betreten südafrikanischen Bodens im März 1995 als „eines der überragenden Erlebnisse meines Lebens". Sie wurde von einer begeisterten Menge willkommen geheißen und von Präsident Nelson Mandela begrüßt, der in den sechs Tagen des Staatsbesuches ihr Gastgeber war. Die Königin hatte Mandela zum ersten Mal 1991 anlässlich der Treffen der Regierungschefs der Commonwealth-Länder in Simbabwe getroffen. Er und Präsident Kenneth Kaunda von Sambia waren die zwei einzigen Staatsoberhäupter, die die Königin mit „Elizabeth" anreden durften, ohne sie zu beleidigen.

Als Präsident Mandela im Juli 1996 zu einem viertägigen Staatsbesuch in Großbritannien eintraf, wurde er von der Königin mit einer offiziellen Begrüßung auf der Horse Guards Parade empfangen und die beiden wurden von einer der offenen Kutschen Ihrer Majestät zurück zum Buckingham-Palast gefahren. Tausende säumten den Weg und jubelten ihnen zu. Bei einem Staatsbankett zu seinen Ehren würdigte die Königin den südafrikanischen Staatschef, der „einen besonderen Platz in meinem Herzen und in den Herzen des britischen Volkes einnimmt".

Entgegen der üblichen Tradition, ein Staatsbankett zu geben, um der Königin für ihre Gastfreundschaft zu danken, organisierte Präsident Mandela ein Fest mit Musik und Tanz in der Royal Albert Hall. „Unter dem Motto „Two Nations Celebrate" sollte der Abend Spenden für den Prince's Trust und den Mandela's Nation Trust für benachteiligte Schulkinder in Südafrika sammeln, und berühmte Künstler wie Quincy Jones, Phil Collins, Hugh Masekela und Ladysmith Black Mambazo nahmen allzu gern teil. In der königlichen Loge tanzte schon bald Präsident Mandela zur Musik. Prinz Charles und Prinz Philip wiegten sich im Takt und klatschten. Dann schloss sich ihnen zur allgemeinen Überraschung die Königin an, „die selten in der Öffentlichkeit das Tanzbein schwingt" wie der *Daily Telegraph* am nächsten Tag bemerkte.

⸿Angespannte Beziehungen

Die Königin musste in ihrer langen Regentschaft auch Besuche von recht fragwürdigen Gästen erdulden, vor allem in den 1970er-Jahren. Darunten waren der despotische ugandische Präsident Idi Amin, der 1971 und 1972 zu Staatsbesuchen im Vereinigten Königreich weilte. 1977 wusste die Welt von Amins Foltertrupps und brutalen Massakern unter seinem eigenen Volk. Doch als Oberhaupt eines Commonwealth-Landes konnte der Diktator am Treffen der Regierungschefs der Commonwealth-Länder in Großbritannien in dem Jahr teilnehmen, das mit den Feiern zum silbernen Thronjubiläum zusammenfiel. Diplomatischer Druck hatte ihn von seinem Kommen abhalten sollen, doch Amin war unberechenbar.

Als sich die Gäste in der St.-Pauls-Kathedrale zum Dankesgottesdienst zum 25. Thronjubiläum versammelten, wusste niemand, ob der Diktator erscheinen würde. Graf Mountbatten schrieb in sein Tagebuch, dass die Königin während des Gottesdienstes zwischendurch nicht sehr gelassen geschaut hätte.

Er schrieb: „Ich fragte sie hinterher, warum sie so verärgert und besorgt ausgesehen hätte. Sie lachte und antwortete: ‚Ich dachte daran, wie furchtbar es wäre, wenn Amin ungebeten erschienen wäre.'" Mountbatten wollte von ihr wissen, was sie getan hätte, wenn er gekommen wäre: „Sie hatte sich überlegt, das Perlenschwert der City, das der Bürgermeister vor ihr niedergelegt hatte, zu benutzen, um ihm damit kräftig auf den Kopf zu schlagen."

Im privaten Kreis bezeichnete die Königin den rumänischen Diktator Nicolae Ceaușescu als „schrecklichen kleinen Mann", doch Diplomatie und Pflicht bedeuteten, dass sie ihre persönlichen Meinungen hintenanstellen und den Präsidenten und seine Frau 1978 zu einem offiziellen Staatsbesuch empfangen musste.

Zu allem Überfluss warnte der französische Präsident Giscard d'Estaing die Königin vor dem schlechten Benehmen, das die Entourage des Diktators während des vor kurzem stattgefundenen Besuchs in Paris an den Tag gelegt hatte. „Die Örtlichkeit wurde völlig verwüstet … Vorher gab es Lampen, Vasen, Aschenbecher und Badarmaturen. Nach ihrer Abreise war alles leer. Alles war abmontiert. Es sah aus, als wären Einbrecher für einen Sommer eingezogen." Der rumänische Sicherheitsdienst hatte selbst Löcher in die Wände geschlagen, um nach versteckten Wanzen zu suchen.

Als die Ceauşescus dann im Juni eintrafen, bedauerte die Regierung bereits die Einladung und es oblag der Königin, Prinz Philip und anderen Mitgliedern der königlichen Familie, das Paar zu begrüßen und zu unterhalten. Der Außenminister David Owen vermied sorgsam, den Besuch des Diktators in seinen Tagebüchern zu erwähnen, und es ist durchaus nicht scherzhaft gemeint, wenn er sagt: „Ich versuche so zu tun, als wäre es nie passiert."

So einfach vergaß die Königin den Besuch nicht. Fünfzehn Jahre später auf ihrem ersten Staatsbesuch in Osteuropa traf sie John Birch, den britischen Botschafter in Ungarn, der in seiner früheren diplomatischen Laufbahn in der rumänischen Hauptstadt Bukarest gearbeitet hatte. Er erinnerte sich, dass „sie von dem furchtbaren Erlebnis, Ceauşescu zu Gast zu haben, sprach."

Ananas und Krokodile

Die Königin sowie andere Mitglieder der königlichen Familie haben im Laufe der Jahre einige sehr ungewöhnliche Geschenke erhalten, und gelernt, sie dankend und anerkennend anzunehmen – selbst dann, wenn nicht deutlich war, um was für ein Geschenk es sich genau handelte, oder genauer gesagt, was genau sie damit anfangen sollten.

Unter den Hochzeitsgeschenken für Prinzessin Elizabeth und Prinz Philip waren 1947 auch 500 Dosen Ananas sowie einige

Kisten mit Äpfeln und Flaschen mit Schlehenlikör, während Hunderte Seidenstrumpfhosen offensichtlich allein für die Prinzessin bestimmt waren. Zu damaliger Zeit waren sie kein sehr ungewöhnliches Präsent, denn die kriegsbedingte Rationierung war noch nicht aufgehoben und Seidenstümpfe waren knapp.

Bei offiziellen Besuchen ist es üblich, Geschenke auszutauschen, und das kann durchaus zu Überraschungen führen. Abgesehen von Nahrungsmitteln, Kunstwerken, Schwertern und Zeremonienknüppeln, sind auch Cowboystiefel und -Hüte darunter. Der drei Meter hohe Totempfahl, den die Königin 1958 vom kanadischen Volk geschenkt bekam, schmückt nun Windsor Great Park, während ein Kanu der Maori, ein Geschenk der neuseeländischen Regierung, als Dauerleihgabe im Britischen Museum steht.

Bei ihrem Besuch in Gambia 1961 war der Königin vermutlich klar, dass Martin Charteris (der damalige Assistent ihres Privatsekretärs) in seiner stets einfallreichen Art wusste, was zu tun war, als sie ihn bat, sich um das Babykrokodil zu kümmern, das sie als Geschenk für Prinz Andrew entgegengenommen hatte. Er setzte das kleine, aber bissfreudige Reptil in seine Badewanne, bis eine passendere Unterkunft gefunden war.

Lebende Präsente sind schwieriger mit nach Hause zu nehmen und viele der exotischeren Tiere fanden ihren Weg in den Londoner Zoo. Präsident William Tubman von Liberia schenkte Prinz Philip ein Paar Zwergflusspferde, während 1956 die sowjetischen Regierenden Chruschtschow und Bulganin der sechsjährigen Prinzessin Anne ein Syrisches Braunbär-Junges überreichten.

Jaguare, schwarze Biber, ein Faultierpaar, Riesenschildkröten und ein Elefant namens Jumbo sowie viele andere Tiere fanden im Zoo ein neues Zuhause.

Im Laufe der Zeit waren unter den ungewöhnlichen Geschenken für die Königin ein Kästchen mit Schneckenhäusern, Salt-Island-Salz von den britischen Jungferninseln, Seife zum Abtöten von Flöhen, 7 kg Garnelen (obwohl die Königin sie nicht mag) und ein Ahornbaum-Hain. Ihr wurde außerdem Pferdesperma von einem Siegerhengst angeboten.

6

Königliche Etikette

Die Königin ist bekannt für ihr Traditionsbewusstsein und weiß um die besondere Position ihrer Familie. Sie kennt die Würde ihres Amtes und schätzt die feine Balance zwischen königlichem Auftreten und Nahbarkeit. Ein gewisser Zauber muss sein, denn die Öffentlichkeit will nicht, dass Mitglieder des Königshauses normale Bürger sind. Für „die Firma" gibt es immer ein Richtig und ein Falsch in ihrem Handeln und das königliche Protokoll bezieht sich nicht nur auf das Verhalten, sondern auch auf Kleidervorschriften.

Die königliche Kleiderordnung

Zunehmend wird die von der Königin bevorzugte formelle Kleidung für männliche Mitglieder bei offiziellen Besuchen verdrängt, zumindest bei der jüngeren Generation. Bei der Tageskleidung werden Krawatten von einem „lässig-eleganten Stil" abgelöst. Man nimmt an, dass die Königin diese Lockerung des königlichen Protokolls gutheißt, solange die Prinzen bei Abendveranstaltungen, Gottesdiensten und offiziellen Tagesterminen die formelle Kleidung beibehalten. Nichtsdestotrotz gelten die königlichen Vorschriften in Bezug auf die Kleidung noch immer, und wie schon Generationen vor ihnen, richtet sich auch die jüngere Generation, allen voran die Herzogin von Cambridge, Kate, nach vielen Anweisungen der Königin.

In den späten Sechzigern, als Mary Quant und
der Minirock zum Inbegriff des Modischen
wurden, schlug Prinzessin Anne ihrer Mutter
vor, die Rocklänge etwas zu kürzen. Die
Antwort der Königin war unmissverständlich:
„Ich bin doch kein Filmstar."

Die Kleiderwahl der Königin muss auch praktischen Ansprüchen
gerecht werden. Ärmel sind niemals zu lang, damit sie bei einer
Esseneinladung nicht in die Speisen hängen oder ein Glas
umwerfen. Die Kleidung muss immer Raum für Bewegung lassen.
Bei einer Gelegenheit musste die Königin das Zeremonienschwert
besonders hoch anheben, um einen großen Mann zum Ritter zu
schlagen. „Ich hörte ein reißendes Geräusch und mein Ärmel war
gerissen. Schwer zu sagen, wer peinlicher berührt war."

Premierministerin Margaret Thatcher war am Boden zerstört,
als sie beim Eintreffen zu einer öffentlichen Feier mit der Königin
feststellen musste, dass sie ähnliche Kleider trugen. Damit dies
nicht noch einmal passieren würde, schickte Mrs. Thatcher eine
Nachricht an den Palast mit der Bitte, sie zu informieren, was die
Königin bei gemeinsamen Terminen tragen würde. Die Antwort
war abweisend: „Machen Sie sich keine Gedanken. Die Königin
bemerkt nicht, was andere Leute tragen."

Die Dos und Don'ts der königlichen Kleiderordnung

- Unverheiratete dürfen keine Tiara tragen. Zudem sollten Tiaras nicht vor 18 Uhr getragen werden, abgesehen von einigen bekannten Ausnahmen, etwa bei einer königlichen Hochzeit.

- Eine Tiara kann richtig und falsch getragen werden. Das Geheimnis ist, dass die Menschen sowohl Gesicht und Juwelen sehen sollten, wobei die Tiara möglichst im 45-Grad-Winkel getragen werden sollte.

- Für Tagesveranstaltungen sind für Frauen vor 18 Uhr Hüte vorgeschrieben, später ist dann Tiara-Zeit. Diese Regel wurde deutlich gelockert, doch die Königin erwartet ein kleines Hütchen (keinen Fascinator) zu offiziellen Gelegenheiten.

- Kurze Röcke sind nicht gern gesehen und die Rocklänge sollte nicht kürzer als ein paar Zentimeter über dem Knie sein, ansonsten wird von der Königin kurzer Prozess gemacht.

- Damit der Rock nicht durch den Wind hochgehoben wird, werden kleine Bleigewichte in die Säume der Röcke und Kleider der Königin eingenäht; eine äußerst praktische Lösung, die auch von den Prinzessinnen kopiert wird.

- Nackte Beine sind ein weiteres No-Go, hautfarbene Strumpfhosen selbst im Sommer ein Muss. Die Königin missbilligt auch gekreuzte Beine; das Überkreuzen der Fußknöchel ist akzeptabel, aber noch besser ist es, die Füße nebeneinanderzulegen. So können Beine und Knie zusammengehalten werden. Kate, Herzogin von Cambridge, hat den „Duchess Slant" (z. Dt. „Herzogin-Diagonale") perfektioniert, eine Haltung, für die bereits Diana bekannt war.

- Schuhe mit Keilabsätzen sind weniger gern gesehen. Die Königin mag diese Art von Schuhen überhaupt nicht, während Kate sie liebt. Sie trägt nun Wedges nur noch zu Anlässen, bei denen die Königin nicht zugegen ist.

- Als Frau eines Thronfolgers werden von Kate strengere Standards als von anderen Familienmitgliedern erwartet.

- Knallige Farben werden von der Königin bei der Kleiderauswahl bevorzugt, denn sie ist sich der Verpflichtung bewusst, stets von anderen gesehen zu werden. Sie weiß, dass viele Menschen lange Wege auf sich genommen haben, oder viele Stunden gewartet haben, nur um einen Blick auf sie zu erhaschen, und bei blassen Tönen wäre die Königin in der Menge nur schlecht zu sehen. „Sie muss in der Menge auffallen, damit die Menschen sagen können: ‚Ich habe die Königin gesehen'", erklärte ihre Schwiegertochter Sophie Wessex in der Dokumentation *The Queen at 90*. Ihre Majestät selbst sagte: „Wenn ich Beige tragen würde, würde niemand wissen, wer ich bin." Aus demselben Grund verwendet sie im Regen immer einen durchsichtigen Regenschirm.

- Die Königin nutzt auch ihre Launer-Handtasche sehr wirkungsvoll, um subtile Signale an ihre Helfer zu senden. Wenn sie ein Gespräch beenden oder gerettet werden möchte, stellt sie die Tasche auf den Boden; wird es Zeit ein Dinner zu verlassen, steht die Tasche auf dem Tisch – eine königliche Variante der Fünf-Minuten-Vorwarnung.

- Alle Royals, die in der Armee gedient haben, müssen bei hochoffiziellen Ereignissen ihre Militäruniform tragen.

- Junge Prinzen müssen bis zum Alter von acht Jahren adrette Shorts tragen, niemals Hosen (das gilt als zu bürgerlich). Prinz George folgt der Tradition, genau wie schon sein Vater, sein Onkel und sein Großvater.

- Mäntel sollten nicht abgelegt werden – denn auch wenn es sehr warm ist, wird es als undamenhaft gesehen, wenn sie in der Öffentlichkeit ausgezogen werden.

- Die Königin bevorzugt bei öffentlichen Meet and Greet-Veranstaltungen schwarze oder weiße Handschuhe. Sie bieten Schutz und können einer Verbreitung von Keimen vorbeugen.

- Unauffällige Nägel, gut maniküt und in einem Naturton lackiert, sind ein Muss. Für ihre Hochzeit mit Prinz Harry wählte Meghan den von der Königin bevorzugten Essie-Nagellack „Ballet Slipper". Dunkler Lack ist nicht erlaubt, obwohl Kate ab und an die Regeln etwas dehnt und ihre Fußnägel rot lackiert.

- Formelle schwarze Kleidung sollte immer griffbereit liegen. Das gilt seit der Rückkehr der Königin 1952 aus Kenia nach dem plötzlichen Tod ihres Vaters, als sie im Flugzeug einige Zeit warten musste, bis ihr vom Palast passende Trauerkleidung gebracht werden konnte.

- Jeans sind nicht verboten, allerdings bei „der Firma" nicht sehr beliebt: Unmöglich, sich die Königin in Jeans vorzustellen. Als allgemeine königliche Regel gilt, dass man besser zu schick als zu nachlässig gekleidet ist. Deshalb sind Jeans dem Privatleben vorbehalten – und nichts für die Königin.

Die Königin trägt immer ihren eigenen Regenschirm, eine Tatsache, die 2014 bei einem Besuch in Paris nicht unbemerkt blieb. Es war Juni und der geplante Rundgang fand statt, trotz heftiger Regenfälle. Wie gewöhnlich hielt die Königin ihren eigenen Regenschirm. Währenddessen wurde ihre Gastgeberin

Anne Hidalgo, die Bürgermeisterin von Paris, von einem Mitarbeiter begleitet, der einen Regenschirm hielt, um sie vor dem Schauer zu schützen.

Ein etwas seltsamer Vorzug, den man als Regentin genießt, ist, dass die Königin eine Bedienstete hat, die ihr dabei hilft, ihre Schuhe einzulaufen. Das mag sich übertrieben anhören, doch selbst im Alter von dreiundneunzig Jahren muss die Königin bei Veranstaltungen viel stehen und herumgehen. Und wenn sie einmal neue Schuhe trägt, kann sie sich nicht beklagen, dass sie sich unwohl fühlt oder dass sie nicht mehr weitergehen kann. Der Anblick der Königin, die ihre Schuhe abstreift und barfuß läuft, um keine Blasen zu bekommen, würde zu einiger Verwunderung führen. Neue Schuhe müssen sofort bequem und tragbar sein. Denn wie die Königin bereits trocken bemerkte: „Ich bin ans Stehen gewöhnt, ich stehe mein ganzes Leben lang."

Sir John Key, der frühere Premierminister von Neuseeland, wollte einmal von der Königin wissen, warum sie sich so formell kleide, selbst wenn keine Menschenmengen und keine Fotografen zugegen wären. Ihre Antwort war einfach: „Ich bin die letzte Bastion der Normen."

Alles im Wandel

Für die Pressevorstellung ihres Gartens „Zurück zur Natur" auf der Chelsea Flower Show 2019 erschien die Herzogin von Cambridge sportlich gekleidet – in Hosen und klassischen weißen Superga-Sneakern. Prinz William sah ebenfalls leger aus, als er seine Frau bei der Präsentation des Gartens unterstützte, den sie entworfen hatte, um Familien und Kinder zu ermutigen, „nach draußen zu gehen" und „die Natur zu erleben".

Einige Stunden später trug Kate ein langes geblümtes Erdem-Kleid, während William im dunkelblauen Anzug und Krawatte erschien, um die Königin auf ihrem Abendrundgang zu begrüßen, bevor der Garten für die Öffentlichkeit öffnete.

Als Ihre Majestät zu dem Ehepaar kam, lächelte sie und meinte: „Ihr seht sehr adrett aus." Ihr Enkel lachte: „Nun, wir haben uns schick gemacht!" Kate führte die Königin persönlich durch den Garten, zu dem auch ein Baumhaus und eine Seilschaukel, ein Wasserfall, eine einfache Hütte und ein Lagerfeuer gehörten.

Diese Handtasche

Ihre Majestät ist selten ohne ihre legendären Launer-Handtaschen unterwegs. Sie soll mehr als 200 dieser Taschen besitzen, wobei die Modelle Royale – wie passend – und Traviata aus schwarzem Lackleder ihre bevorzugten Modelle sind. Die Frage, was sich in der königlichen Handtasche befindet, sorgt für anhaltende

Diskussionen. Sie braucht weder Pass noch Bankkarte, und bekanntlich hat die Königin auch nie Bargeld dabei, abgesehen von einigen neuen Fünf- oder Zehn-Cent-Stücken für die Kollekte in der Kirche.

Eine langjährige Bedienstete beschrieb ihre Chefin als „eine sehr praktisch veranlagte und bodenständige Dame", und so besteht der Inhalt ihrer Handtasche meist aus Lesebrille, Taschentüchern, Pfefferminz und Füller sowie Kamm, Lippenstift und Taschenspiegel. Die stets gut vorbereitete Monarchin hat auch einen tragbaren Haken dabei, damit sie ihre Handtasche während eines Essens unbemerkt unter den Tisch hängen kann.

Gelegentlich wird beobachtet, wie die Königin ihren Lippenstift nachzieht, während sie am Tisch sitzt, oder bisweilen auch bei einem Sportereignis. Als die frühere First Lady Barbara Bush bei einer Washingtoner Dameneinladung nach der Etikette bezüglich des Überprüfens des Lippenstifts in der Öffentlichkeit gefragt wurde, antwortete sie: „Die Königin erzählte mir, dass das vollkommen akzeptabel sei."

Luisa Mattioli, die dritte Ehefrau des Schauspielers Sir Roger Moore, war erstaunt, dass die Königin auch im Buckingham-Palast ihre Handtasche bei sich trug. Die Antwort Ihrer Majestät war ganz einfach: „Dieses Haus ist sehr groß, wissen Sie."

Tischmanieren

Sei es das Halten von Messer und Gabel (niemals, unter keinen Umständen wie einen Stift – die Griffe sollten nicht zu sehen und beim Essen die ganze Zeit höflich bedeckt sein) oder der Umgang mit Obst, es gibt zu allem eine königliche richtige Art und Weise.

Laut Prinzessin Dianas früherem Butler Paul Burrell, der zuerst als Diener im Buckingham-Palast arbeitete, würde es der Königin nicht im Traum einfallen, eine Banane mit den Fingern zu schälen oder zu essen. Bei einem Auftritt in der Sendung *Through the Keyhole* demonstrierte Burrell, wie die Königin sauber die beiden Enden mit einem Messer abschneidet, bevor sie dann die Schale der Länge nach aufschneidet.

Er erklärte: „Sie schlitzen den Bauch auf, einige Leute essen sie natürlich wie ein Affe … [vermutlich die Mehrheit?] Dann schneiden Sie sie in kleine bissgerechte Stücke und essen sie … mit Messer und Gabel."

Es muss erwähnt werden, dass man recht geschickt sein muss, um diese Aufgabe auszuführen (ich habe dies zu eigenen Recherchezwecken getestet), denn in Scheiben geschnittene Bananen bekommen aus unbekannten Gründen eine völlig andere Textur.

Die königliche Familie bereite auch das meiste andere Obst auf gleiche Weise zu, obwohl nicht alles geschält werden muss. Als der Schauspieler David Suchet wissen wollte, wie man in „feiner Gesellschaft" eine Mango schälen sollte, stellte Prinz Philip fest: „Sie schälen keine Mango, Sie schneiden sie", um anschließend die königliche Technik vorzuführen.

Die Königin war noch nie ein großer Fan von Krustentieren oder Muscheln und besteht auf die Regel „Keine Meeresfrüchte in der Öffentlichkeit", um das Risiko einer Lebensmittelvergiftung zu vermeiden. Als sie einmal Prinz Philip zusah, der bei einem Besuch in Paris Schnecken aß, fragte sie: „Wie kannst du diese garstigen Dinger überhaupt essen?"

Die königliche Etikette diktiert, dass bei einem offiziellen Essen niemand vor der Königin mit dem Essen beginnt, oder weiterisst, wenn sie zu Ende gegessen hat. Auch die richtige Zeit ist wichtig. Die Königin möchte um Punkt acht Uhr dreißig zu abend essen und Hausgäste sollten nicht vor Ihrer Majestät zu Bett gehen.

Das Besteck spricht für sich, wenn Sie den Tisch verlassen müssen – obwohl, wer würde sich das trauen? Wenn Sie noch nicht zu Ende gespeist haben, dann werden Messer und Gabel überkreuz am oberen Rand des Tellers abgelegt. Ansonsten, wenn Sie fertig sind, sollten sie in einem leichten Winkel nebeneinander unten auf Ihrem Teller abgelegt werden.

Sollten Sie irgendwann einmal zu einem königlichen Gartenfest geladen sein, dann könnte es sich als nützlich erweisen, zu wissen, wie ein echter Royal seine Teetasse hält. Der Henkel sollte oben leicht mit Daumen und Zeigefinger gehalten werden, während die übrigen Finger unter dem Henkel ruhen, um die Tasse zu stützen. Man sollte nicht den kleinen Finger spreizen und immer nur an derselben Stelle nippen, um mehrere Lippenstiftabdrücke zu vermeiden.

Ähnlich sieht es bei Servietten aus. „Sie alle machen es falsch", sagte die Königin einmal zu einem Dinnergast und wies auf die anderen Gäste am Tisch, die ihre Servietten verkehrt herum auf ihrem Schoss liegen hatten. „Sie haben die gestärkte Seite unten liegen. Die Serviette wird ihnen von den Knien rutschen. So müssen Sie es machen – die ungestärkte Seite liegt auf Ihrem Schoss und dann stecken Sie sie unter Ihrem Po fest."

Diktat des Protokolls

Als Mitglied des Königshauses genießt man mehrere Vorzüge und Privilegien, doch es gibt auch Regeln, über die der Rest von uns niemals nachzudenken braucht. Sie sind zwar nicht in Stein gemeißelt, doch die Royals pflegen sich daran zu halten.

- Mitglieder der königlichen Familie unterscheiben keine Autogramme, um keine Fälschungen zu riskieren.

- Es werden keine Selfies gemacht. Die Königin findet die vielen Menschen, die versuchen, ein Selfie mit ihr zu machen, äußerst „befremdlich" und „merkwürdig", und beichtete dem US-Botschafter Matthew Barzun, dass es ihr seltsam vorkomme, wenn die Menschen auf ihre Bildschirme statt auf sie starren. Überraschenderweise weiß man von der Königin, dass sie gerne die Selfies anderer Leute „photobombt", sogar die Nachrichtensendung der BBC.

- Die Royals stehen Zuneigungsbekundungen in der Öffentlichkeit rein professionell gegenüber. Wenn Ehepaare im Land unterwegs sind, dann sind sie „bei der Arbeit". Prinz William und Kate neigen dazu, dem Beispiel der Königin und Prinz Philip zu folgen, und zeigen ihre offensichtliche Zuneigung durch gemeinsames Lächeln, Scherze oder private Bemerkungen. Prinz Harry und Meghan gehen in der Öffentlichkeit liebevoller miteinander um und berühren sich häufiger.

- Ranghohe Mitglieder der königlichen Familie müssen Ihre Majestät um Erlaubnis bitten, wenn sie heiraten möchten. Sowohl Prinz William als auch Prinz Harry hatten mit ihrer Großmutter gesprochen, bevor sie die eine Frage stellten. Sogar ein offizielles Schreiben zur Erteilung der Zustimmung ist gemäß dem königlichen Ehegesetz von 1772 erforderlich.

- Die Königin verbringt Weihnachten traditionell auf Sandringham und lädt dorthin auch ihre Familienangehörigen ein. Mag die Beziehung auch noch so ernst sein, kommen dürfen nur verlobte und verheiratete Partner.

- Die Königin muss ihren Erben die Erlaubnis zum gemeinsamen Fliegen erteilen – vielleicht aufgrund ihrer eigenen gut verborgenen Flugangst?

- Beim Treffen mit einem Mitglied der königlichen Familie müssen Männer sich verbeugen und Frauen einen Knicks machen. Das Geheimnis dabei ist, beides nur leicht anzudeuten. Verbeugung oder Knicks sollten nicht übertrieben werden, aber bei einem Treffen bei der Königin etwas länger ausfallen als bei einem anderen Mitglied des Königshauses.

- Die letzte Person, vor der die Königin geknickst hat, war übrigens ihr Vater Georg VI., und sie ist angeblich recht entspannt, was das Knicksen angeht, und soll geäußert haben, dass es „modernen Zeiten nicht unbedingt angemessen ist".

- Es gibt eine bestimmte Reihenfolge, was das Verbeugen, Knicksen und Betreten eines Raumes angeht. Die Königin kommt, natürlich, zuerst, gefolgt von Prinz Philip, dann Prinz Charles und Camilla, als Nächste Prinz William und Kate, Prinz Harry und Meghan, und dann die „Blutsprinzessinnen" Anne, Beatrice und Eugenie. Werden Kate und Meghan nicht von ihren Ehemännern begleitet, rutschen sie in der

Reihenfolge weiter nach unten und müssen vor den geborenen Prinzessinnen knicksen und sich dann einreihen.

- Wenn die Königin den Raum betritt, müssen alle stehen, denn sie ist niemals außer Dienst. Die Regel gilt auch für Prinz Philip, obwohl es privat unter den beiden vermutlich entspannter zugeht.

- Wenn Besucher sich von der Königin verabschieden, dann mussten sie sich früher rückwärts entfernen – die Regel lautet, dass man der Königin nie den Rücken zuwenden darf. Gesundheit und Sicherheit in unseren Tagen haben dazu beigetragen, dass diese Vorschrift abgeschafft wurde, außer bei einigen wenigen Zeremonien.

- Die Königin sollte zunächst mit „Ihre Majestät" und anschließend mit „Ma'am" (reimt sich mit *jam*) angesprochen werden, obwohl man bei der Verabschiedung wieder zu „Ihre Majestät" wechselt.

- Mit entschiedenem Anklang an Königin Victoria sollten Mitglieder des Königshauses immer mit erhobenem Kinn und seitlich angelegten Händen eine Treppe hinunterschreiten.

Eine Frage des Benehmens

Bei einem Treffen mit der Königin zeugt es, ungeachtet des Protokolls, von fürchterlich schlechtem Benehmen, einfach hereinzuplatzen.

Als ein Gast zu spät zu einem Empfang im Buckingham-Palast erschien, musste er feststellen, dass er seinen ihm zugewiesenen Platz in der Reihe der wartenden Diplomaten, die der Königin vorgestellt werden sollten, verpasst hatte. Entschlossen, sich die Gelegenheit, einige Worte mit der Monarchin zu wechseln, nicht entgehen zu lassen, drängte er sich in die Reihe der Wartenden. Als die Königin schließlich zu ihm kam, wurde er mit eisigem starrem Blick gemustert und von den starken Armen der Bediensteten abgeführt. Er hätte wissen müssen, dass es nicht auf fruchtbaren Boden fallen würde, die althergebrachte britische Tradition des Schlangestehens zu verletzen.

Dem Gast, der 2007 bei einem Empfang für 350 prominente Amerikaner versuchte, sich in ein Gespräch einzumischen, wurde ein ähnlich kurzer Prozess gemacht. Die Königin redete mit einer Gruppe von Sportlern über Fußball, als ihr Gespräch von einem Eindringling unterbrochen wurde.

„Spielen Sie Fußball?", fragte die Königin.

„Nein – ich verkaufe Pfannkuchen- und Waffelmischungen", antwortete der Neuankömmling.

Die Königin schüttelte den Kopf, bevor sie sich abwandte. „Wie interessant, was die Leute essen", bemerkte sie mit ironischem Unterton.

Sicherheit an erster Stelle

Als Ronald Reagan und seine Frau Nancy 1982 das Vereinigte Königreich besuchten, fand ihnen zu Ehren ein Staatsbankett auf Schloss Windsor statt. Nach dem Essen verließen die Königin und der Präsident gemäß dem Protokoll als Erste den Saal. Die anderen Gäste standen mit zurückgeschobenen Stühlen da und sahen zu, wie die beiden Staatsoberhäupter durch den Bankettsaal an den Tisch- und Stuhlreihen entlangschritten. Angeführt wurden sie vom Lord Chamberlain Charles MacLean, der rückwärts mit dem Gesicht zur Königin lief, da es sich hier um einen festlichen Anlass handelte. Präsident Reagan bemerkte, dass die Königin dem Lord Chamberlain unauffällig Zeichen gab und ihn mit ihren Händen nach rechts und links dirigierte. Sie meinte dazu: „Diese Stühle stehen nicht alle in einer geraden Reihe und er könnte fallen und sich verletzen."

Die Königin lernte einige Crewmitglieder der königlichen Yacht *Britannia* persönlich kennen und entwickelte eine enge Beziehung zu ihnen allen, doch die entspannte Atmosphäre an Bord galt nie für den Sicherheitsaspekt. Der ehemalige Kommandant der Yacht, Sir Robert Woodard, beschrieb die natürliche Sorge der Königin um die Belegschaft: „Wenn die Königin einen Segler ohne Rettungsweste an der Seite des Schiffs arbeiten sah, dann war ich der Erste, der das erfuhr. Alles, was ein Risiko für Leib und Leben darstellte, wurde direkt geklärt. Sie machte keine Vorhaltungen, sondern sagte nur: ‚Schnell, schnell, da ist jemand ohne Rettungsweste.' Sie kannte sie alle extrem gut."

Begrüßung der Gäste

Die Königin liebt eine persönliche Note. Wenn sie Übernachtungsgäste erwartet, dann inspiziert sie die Räume immer höchstpersönlich – egal, ob die Besucher offizieller oder privater Natur sind. Mary Wilson, die Ehefrau des Premierministers Harold Wilson, logierte in den 1970er-Jahren mehrmals auf Balmoral und beschrieb das herzliche Willkommen: „Wir gingen in die Halle und die Königin und Prinz Philip kamen, um uns zu begrüßen. Es standen Schüsseln auf dem Boden und die Corgis rannten herum. Sie stellte eine Vase mit Enzianen in mein Zimmer. Die Zofe sagte, die Königin dachte, dass sie mir gefallen würden. Sie machte sich um solche Dinge viele Gedanken."

Die Herzogin von Cambridge offenbarte, dass Ihre Majestät ihren Urenkeln immer kleine Präsente in ihre Schlafzimmer lege, wenn sie übernachten. Die Königin kümmert sich auch persönlich um die Vorbereitungen für Bankette und offizielle Abendeinladungen und hat ein gutes Auge fürs Detail. Doch einige Gäste machen, wenn sie erst einmal da sind, überhaupt keine Anstalten mehr, um zu gehen. Die königliche Familie hat einen Code entwickelt, um jeden, der zu lange bleibt, wieder höflich hinaus zu komplimentieren. Der Butler wird gerufen und gefragt, ob der Wagen des Gastes bereits vorgefahren sei. Der Butler geht dann „nachschauen" und kehrt mit der Nachricht zurück, dass der Wagen in der Tat schon warte.

Hände weg von Ihrer Majestät

Niemand sollte sich einfallen lassen, die Königin zu berühren. Wenn sie einem die Hand reicht, dann ist es höflich, sie zu nehmen, doch nur für die kleinste Berührung und nicht für einen kräftigen Händedruck. Im Laufe der Jahre gab es einige sehr öffentliche Verstöße gegen diese Regeln.

Die Königin und Prinz Philip empfingen 2009 Barack Obama und seine Frau Michelle offiziell im Buckingham-Palast, als der Präsident für den G20-Gipfel in London war. Geschenke wurden ausgetauscht, die königliche Etikette eingehalten. Später beim Abendempfang für die Staatschefs wurde Mrs. Obama fotografiert, wie sie den Kodex brach und Ihre Majestät umarmte. Zur großen Überraschung aller erwiderte die Königin die Geste und legte den Arm um die Taille der First Lady. Das Paar hatte sich unterhalten und anscheinend Schuhe und Größe verglichen. Mit ihren gut 1,80 Meter überragte Michelle die Königin, die in ihren jüngeren Jahren etwa 1,62 Meter maß, aber im Laufe der Jahre sicherlich etwas geschrumpft sein dürfte.

In ihren Memoiren *Becoming* erzählte Michelle Obama, dass die Königin auf die schwarzen Jimmy Choos, die die First Lady trug, heruntergeblickt und dann den Kopf geschüttelt hätte. Ihre Majestät hätte dann auf ihre eigenen schwarzen Pumps gedeutet und bemerkt: „Diese Schuhe sind nicht wirklich schick, oder?" Mrs. Obama schrieb: „Ich gestand der Königin, dass meine Füße schmerzten. Sie gestand, dass auch ihre Füße schmerzten. Wir sahen uns dann mit einem Gesichtsausdruck an, als wollten wir beide sagen: Wann ist dieses Stehen zwischen all den Regierungschefs endlich vorbei? Und dann brach sie in ein sehr charmantes Lachen aus."

Nachdem die Fotografen erschienen waren, bestritt ein Sprecher des Buckingham-Palastes, dass ein Bruch des Protokolls vorgelegen hatte, und erklärte: „Es war eine gegenseitige und spontane Demonstration der Verbundenheit. Wir geben keine Anweisungen zum Nicht-Berühren der Königin heraus."

Das Treffen 2009 mit den Obamas war tatsächlich nicht das erste Mal, dass die Monarchin in der Öffentlichkeit umarmt worden war. Während eines Besuches 1991 in Washington D.C. umarmte die Urgroßmutter Alice Frazier die lächelnde Königin herzlich, als die Regentin ihr Zuhause besuchte, und sagte, dies sei in dem Moment eine natürliche Reaktion gewesen: „Es ist einfach die amerikanische Art. Ich konnte mich nicht zurückhalten."

Während eines dichten Gedränges in der Menge bei einem der königlichen Rundgänge verlor der Fotograf der *Daily Mail*, Victor

Blackman, beinahe sein Gleichgewicht und in seinem Versuch, nicht zu stürzen, griff er nach der Königin. Er entschuldigte sich überschwänglich, doch die Königin blieb gelassen. „Es ist nicht Ihre Schuld, Mr. Blackman. So haben Sie auf jeden Fall etwas, über das Sie schreiben können, sollten Sie je Ihre Memoiren verfassen.“

Als der australische Premierminister Paul Keating es wagte, während ihres Besuchs 1992 den Arm um die Königin zu legen, löste das einen Aufschrei aus. Die Boulevardpresse nannte ihn den „Lizard of Oz“. Als sein Nachfolger beschuldigt wurde, den gleichen Fehler begangen zu haben, wies sein Büro die Geschichte direkt zurück und gab eine Erklärung heraus: „Wir bestreiten entschieden, dass es irgendeine Art von Kontakt gab.“ Genaue Presseuntersuchungen der Fotos ergaben, dass es in der Tat keinerlei Kontakt gegeben hatte, Howards Arm blieb in der Luft einige Zentimeter vom Rücken der Königin entfernt hängen.

Die *entente cordiale* mit Frankreich wurde 2004 etwas zu herzlich, als Präsident Chirac die Königin auf einem Spaziergang durch Paris führte, ihren Arm ergriff und ihre Schulter und ihren Rücken berührte. Diesmal war es die *Daily Mail*, die sich beschwerte und ihren Artikel mit „Hände weg!“ überschrieb.

2017 fühlte sich der Gouverneur von Kanada David Johnston genötigt, eine öffentliche Verlautbarung herauszugeben, nachdem beobachtet worden war, dass er zu Kanadas 150-jährigem Jubiläum im Canada House in London den Arm der Königin berührt haben sollte. „Ich bin mir des Protokolls wohl bewusst. Ich wollte nur vorbeugen, dass niemand auf den Stufen zu Fall kam. Die Treppe hinab zum Trafalgar Square ist ein wenig heikel, und dort lag ein Teppich, der etwas rutschig war. Deshalb dachte ich, dass es sich vielleicht geziemte, das Protokoll zu brechen, um sicherzugehen, dass niemand stolperte."

Die königliche Yacht *Britannia* war für ihre ungezwungene Atmosphäre bekannt, und in den vielen Jahren ihres Einsatzes erlebte sie eine ganze Reihe königlicher Späße und Vergnügungen. Doch es gab auch Grenzen. Während eines sehr lockeren Strand-Barbecues auf einer Reise 1970 nach Australien entschieden einige Gäste, dass es Zeit zum Schwimmen war. John Gorton, der frühere Premierminister Australiens, erinnerte sich: „Prinzessin Anne wurde ins Wasser geworfen und dann Prinz Philip. Ich saß neben Ihrer Majestät und ich wollte sie gerade hineinwerfen, doch dann sah ich sie an, und die Art, wie sie mich anblickte, sagte mir, dass ich es lieber lassen sollte. Am Ende war die Königin die Einzige, die trocken blieb."

7

Mit Witz und Weisheit

Das gängige Bild von Königin Elizabeth II. zeigt eine Regentin voller Würde und Autorität. Sie ist einfach „the Queen", der Inbegriff des Königtums. Diejenigen, die sie gut kennen oder sie regelmäßig treffen, werden rasch ihr großes Wissen und ihre Erfahrung, ihre wohlüberlegten Antworten schätzen lernen. Die meisten sind von ihrer Warmherzigkeit beeindruckt, aber auch vom trockenen Humor, der hinter ihren Antworten aufblitzt, obwohl vermutet wird, dass die besten Zeilen nicht im Beisein von Kameras gesprochen werden und nur einem vertrauten engen Kreis von Familie und Freunden vorbehalten sind.

Als ein Parlamentarier anmerkte, dass es wohl anstrengend sei, ständig so viele Fremde zu treffen, lächelte die Königin und sagte: „Es ist nicht so schwer, wie es aussieht. Wissen Sie, ich muss mich nicht vorstellen. Sie scheinen alle zu wissen, wer ich bin."

Allerdings scheint das überraschenderweise nicht immer der Fall zu sein. Und manchmal bleibt auch die Monarchin unerkannt, vor allem, wenn sie abseits der Stadt und offizieller Termine Besorgungen macht. So sprach ein Kunde im örtlichen Lebensmittelladen in Sandringham die Königin an und meinte zu ihr: „Wussten Sie, dass Sie *wie* die Königin aussehen?"

Ihre Majestät antworte lächelnd: „Das ist doch sehr beruhigend."

Ebenso unerkannt blieb die Königin in den schottischen Highlands, als sie unweit ihres Landsitzes Balmoral wanderte und aufgrund des widrigen Wetters einen dicken Tweedmantel und ihr Kopftuch trug. In Begleitung ihres früheren Polizei-Schutzbeamten Richard Griffin wurde sie von einigen amerikanischen Touristen angesprochen, die sie fragten, ob sie aus der Gegend käme. Die Königin antwortete nur, dass sie ein Haus in der Nähe besäße. Dann wollte die Gruppe wissen, ob sie jemals die Königin getroffen hätte. „Nein", antwortete sie und deutete auf ihren Schutzbeamten. „Aber er schon." Die Gruppe lief weiter, nicht klüger als zuvor.

Die Königin aller

Über die Jahrzehnte ist die Königin äußerst zögerlich gewesen, in der Öffentlichkeit oder in der Presse einen Kommentar abzugeben, da sie mit ihrer Maxime „Niemals klagen, niemals erklären" immer gut gefahren ist. Man nimmt an, dass sie auch den Rest der Familie ermutigt, ihrer inoffiziellen Doktrin von „nicht viel zu sagen" zu folgen – allerdings mit recht gemischtem Erfolg.

Bei Familie und vertrauten Freunden ist es etwas anderes. Und, wie die meisten Menschen, liebt es Ihre Majestät zu erfahren, was die anderen so treiben, und gibt zu: „Ein bisschen Tratsch ist ein wunderbares Elixier".

Ihr Sohn Prinz Andrew bemerkte einmal: „Das Geheimdienstnetz der Königin ist um einiges besser als jedes andere im Palast. Ausnahmslos. Sie weiß alles. Ich habe keine Ahnung, wie sie das schafft. Und sie sieht immer alles." Er sagte außerdem: „Sarah erzählt mir manchmal von jemandem und ich weiß überhaupt nicht, von wem genau sie spricht, aber wenn sie sich dann mit meiner Mutter unterhält, wissen beide genau, wer gemeint ist – und auch über mehrere Generationen hinweg."

Ein hochrangiges Mitglied des königlichen Haushalts konnte 2011 diese Meinung nur unterstreichen und stellte fest: „Nun … sie weiß, was vor sich geht. Sie scheint eine gute Geschichte förmlich zu riechen. Sie wäre eine gute Journalistin geworden."

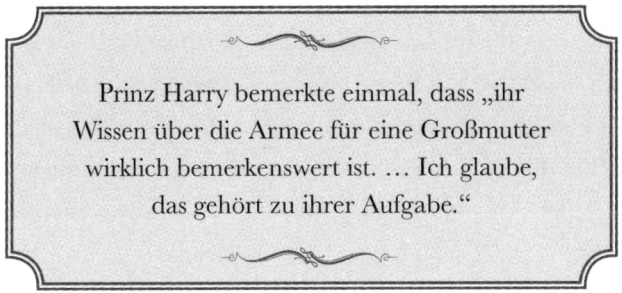

Prinz Harry bemerkte einmal, dass „ihr Wissen über die Armee für eine Großmutter wirklich bemerkenswert ist. … Ich glaube, das gehört zu ihrer Aufgabe."

Am Ende eines Tages an Bord der königlichen Yacht *Britannia* liebte es Königin Elizabeth II., sich zu entspannen, die Schuhe auszuziehen (das ist durchaus wörtlich zu nehmen) und über die Erlebnisse des Tages und die Besucher zu plaudern. Die Belegschaft erinnert sich noch gern an das Gelächter und die Neckereien, die immer mit dem Tratsch einhergingen, sowie an die Tatsache, dass der Regentin „nie irgendetwas entging".

Im Laufe der Jahre lernte die Königin die Mitglieder der Crew gut kennen und vertraute ihnen bedingungslos. Zu Beginn einer Reise, wenn sie einige Zeit nicht an Bord gewesen war, erkundigte sie sich immer nach ihnen und ihren Familien, und erinnerte sich stets an Namen und Details. Die königliche Yacht erlaubte es der Königin und den übrigen Familienangehörigen, sich abseits der Öffentlichkeit und der Kameraobjektive normal zu bewegen.

Stürmische Zeiten

Susan Crosland, die Witwe des früheren Außenministers Anthony Crosland, erinnerte sich an ihren Aufenthalt an Bord der königlichen Yacht 1976 während eines Staatsbesuches anlässlich der amerikanischen Zweihundertjahrfeier: „Bei einer Gelegenheit, als Prinz Philip sich über etwas ärgerte, fuhr die Königin ihn scharf an: ‚Oh, Philip. Hör auf. Du weißt nicht, wovon du sprichst.'"

Auf der Fahrt hatte man mit Stürmen zu kämpfen, und als die *Britannia* auf dem Weg von den Bermudas nach Philadelphia in einen Sturm der Stärke 9 geriet, waren die meisten an Bord seekrank. Nicht so Ihre Majestät. Nach dem Abendessen stand die Königin auf und versuchte, die Schiebetür des Esszimmers zu öffnen. Sie hielt den Griff, als die Yacht durch den hohen Wellengang heftig durchgeschüttelt wurde. Mit ihrem Rücken gegen die Tür gedrückt, bewegte sich die Königin mit der Tür, die langsam zufiel.

„Hui!", lachte die Monarchin, und schwang nochmals hin und her, bevor es ihr schließlich gelang, durch die enge Öffnung zu kommen und allen fröhlich ein „Gute Nacht!" zuzurufen, bevor sich die Tür wieder schloss.

Bei ruhigerer See am nächsten Morgen fühlten sich alle viel besser. „Ich habe noch nie so viele grimmige und graue Gesichter beim Abendessen gesehen", scherzte die Königin. „Philip fühlte sich ebenfalls nicht gut … was mich freut."

> Zu Beginn ihrer Regentschaft sagte Harold MacMillan, ihr dritter Premierminister, über die junge Königin: „Sie findet keinen Gefallen an „der Gesellschaft". Sie mag ihre Pferde. Aber sie liebt ihre Pflicht und möchte eine Königin sein und keine Marionette.""

Politik und Palast

Als Staatsoberhaupt wird von der Königin strenge Neutralität in allen politischen Angelegenheiten erwartet. Wie es auf der Website des britischen Parlaments steht: „Obgleich per Gesetz nicht verboten, wird es für die Monarchin als verfassungswidrig erachtet, wählen zu gehen." Bisher haben seit ihrer Thronbesteigung 1952 fünfzehn Premierminister unter Königin Elizabeth II. gedient und sie alle haben ihre besonnene Autorität, ihre Weisheit und ihre Sachkenntnis schätzen gelernt. Sie trifft sich regelmäßig einmal in der Woche abends mit ihnen im Buckingham-Palast, um aktuelle Staatsangelegenheiten zu erörtern. Als ihre Kinder noch klein waren, fanden die Treffen auf ihren Wunsch hin später am Abend statt, damit sie noch Zeit fand, ihren Kindern eine Gute-Nacht-Geschichte vorzulesen.

Auf die Frage, welche wöchentlichen Abendtreffen mit dem Premierminister sie am meisten genossen hatte, zögerte die Königin keine Sekunde: „Die mit Winston, natürlich, die haben immer besonders viel Spaß gemacht."

Churchills Tochter Mary Soames mutmaßt, dass ihre Diskussionen sich oftmals vom Politischen entfernten, und sagte dazu: „Sie sprachen während der Audienz viel über Pferde." Sir Alan „Tommy" Lascelles, der von 1952 bis 1953 Privatsekretär der Königin war, notierte über die Treffen in seinem Tagebuch: „Ich konnte nicht hören, über was sie sprachen, doch die Unterredung war sehr häufig von perlendem Lachen begleitet, und Winston kam meist aus dem Zimmer und wischte sich die Lachtränen aus den Augen. ‚Sie ist *en grande beauté ce soir*‘, sagte er eines Abends in seinem Schulfranzösisch."

Mary Soames beschrieb die Beziehung zwischen der jungen Regentin und dem erfahren Staatslenker: „[Die Königin] war in ihrer konstitutionellen Stellung sehr bewandert. Mein Vater wusste sehr wohl, welche Rolle die konstitutionelle Monarchin *vis-à-vis* Premierminister, Kabinett und Parlament einnimmt. Es war also von großem Vorteil für ihren ersten Premierminister, dass er dies wusste … Sie sprachen über die Gegenwart. Sie werden auch über Leute gesprochen haben. Trotz ihres jungen Alters war sie sehr erfahren. Sie war weit gereist und kannte einige Leute wahrscheinlich besser als er, sodass sie ihm sicher von ihnen erzählte. Was meinem Vater auffiel, war ihre Achtsamkeit.

Sie achtete immer darauf, was sie tat. Er erzählte niemals, dass es ihr an Selbstvertrauen fehlte."

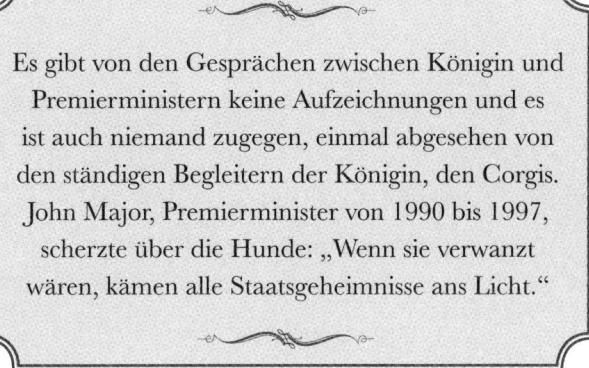

Es gibt von den Gesprächen zwischen Königin und Premierministern keine Aufzeichnungen und es ist auch niemand zugegen, einmal abgesehen von den ständigen Begleitern der Königin, den Corgis. John Major, Premierminister von 1990 bis 1997, scherzte über die Hunde: „Wenn sie verwanzt wären, kämen alle Staatsgeheimnisse ans Licht."

Es wird immer behauptet, dass die Königin niemals einen Politiker oder eine Partei bevorzugt hätte. Der frühere Sekretär des Kronrates, Sir Godfrey Agnew, behauptete: „Die Königin unterscheidet nicht zwischen Politikern verschiedener Parteien. Sie gehören ihrer Ansicht nach alle in die ungefähr gleiche soziale Kategorie."

Martin Charteris, der Privatsekretär, der die Königin vermutlich am besten kannte, da er schon seit den Tagen, als sie noch Prinzessin Elizabeth war, für sie gearbeitet hatte, erzählte dem Historiker Peter Hennessy: „Man kann wohl sagen, dass die Königin den politischen Konsens bevorzugt, und keine Polarisierung, und ich denke, dass dies zutrifft, obwohl ich hier nicht aus Erfahrung sprechen kann. Wenn Sie in der Position der Königin sind, sind Sie das nominelle, das symbolische Oberhaupt des Landes, und je weniger Gezänk in dem Land herrscht, desto komfortabler und bequemer fühlen Sie sich."

Über seine Beziehung zur Königin sagte James Callaghan (Premierminister von 1976 bis 1979): „Man bekommt Freundlichkeit, keine Freundschaft."

Edward Heath wusste seine täglichen Audienzen bei der Königin in den frühen 1970er-Jahren zu schätzen: „Es war wahrlich eine Erleichterung, alles mit jemandem diskutieren zu können, in dem Wissen, dass nichts, aber auch gar nichts davon nach außen dringen würde." So sprach er in seiner Zeit als Premierminister nicht nur über Politik, sondern auch über eine Reihe anderer Themen wie Nordirland, die privaten Angelegenheiten anderer

Politiker und Regierungschefs weltweit und seine Bemühungen, „Europa beizutreten".

Ein anderer hochrangiger Politiker bemerkte: „Es wird so viel Unsinn darüber erzählt, welch ein schreckliches Leben sie doch hat. So ein Unsinn! Ich glaube, sie genießt es."

Die Königin war schon ein alter Hase, als Margaret Thatcher in Number 10 einzog, was die Eiserne Lady zu dem Kommentar veranlasste: „Ich glaube nicht, dass jemand ihre geballte Erfahrung erkennt."

Zwischen den beiden mächtigen Frauen soll eine gewisse „Steifheit" bestanden haben, zumindest in der ersten Zeit. Die Königin fand ihre erste Premierministerin zu respektvoll – keiner konnte einen tieferen Knicks machen als Margaret Thatcher, die es meist übertrieb. Ein Freund gestand: „Die Königin fand einige amüsante und gut beobachtete Sätze zu Mrs. Thatcher."

Einer war ein Witz über einen Besuch in einem Seniorenheim, wo die Premierministerin versuchte, mit einem älteren Bewohner ins Gespräch zu kommen. Die Königin konnte Mrs. Thatchers recht schrille Stimme perfekt nachahmen: „Wissen Sie, wer ich bin?", worauf der Bewohner antwortete: „Nein, aber wenn Sie die Betreuerin fragen, kann sie es Ihnen sagen."

Es gehört zur Tradition, dass der jeweilig regierende Premierminister und seine Frau der Königin während ihres

Sommeraufenthalts auf Balmoral einen Besuch abstatten. Am zweiten Abend wird es immer einen von Prinz Philip organisierten Grillabend geben. Von Mrs. Thatcher sagt man, dass sie das ganze Geschehen etwas merkwürdig fand, allerdings besonders schockiert aussah, als sie miterlebte, dass die Regentin hinterher beim Aufräumen half und, noch schlimmer, mit bloßen Händen den Abwasch übernahm. Nach einem Besuch schickte Mrs. Thatcher der Königin ein Paar Gummihandschuhe, bei einem anderen Besuch versuchte sie zu helfen, stand aber nur im Weg. Schließlich zischte die Königin mit zusammengebissenen Zähnen: „Kann jemand dieser Frau sagen, sie möge sich hinsetzen?"

Trotz ihrer unterschiedlichen Persönlichkeiten hatte die Königin am Ende von Margaret Thatchers elfjähriger Amtszeit die Premierministerin zu respektieren gelernt. Ein ehemaliger Berater der Krone äußerte sich: „Als jemand, der ihre Stellung geerbt hat, interessiert sie sich für Meritokraten." Nach den wöchentlichen Abendtreffen wurde Mrs. Thatcher häufig noch zu einem Whisky oder zwei mit der Königin eingeladen, und ein hoher Palastbeamter erinnerte sich, wie angeregt sich das Paar unterhielt. Nach Mrs. Thatchers Ausscheiden lud einer der Hofbeamten der Königin die Monarchin und die ehemalige Premierministerin zum Mittagessen und sagte: „Die Königin mochte Margaret viel mehr, als ich gedacht hatte, gleichwohl war sie von ihr amüsiert."

Während John Mayors Zeit als Premierminister lud er zu einem Abendessen für die Königin, bei dem mehrere ehemalige Premierminister zugegen waren. Darunter auch Edward Heath, der zu dem Zeitpunkt fast achtzig und zunehmend gebrechlich war. Als ältester Politiker saß er neben der Königin, hatte aber Mühe, bei dem ausgedehnten Essen wach zu bleiben. Irgendwann hatte John Major angemerkt: „Ted ist eingeschlafen." Die Königin antwortete lächelnd: „Ich weiß, aber machen Sie sich keine Sorgen. Er wird nachher wieder wach und wir erwähnen es mit keiner Silbe."

Als Tony Blair zum ersten Mal nach seiner Wahl im Mai 1997 zum Buckingham-Palast kam, trat er vor und stolperte. Dabei ergriff er beinahe die Hand der Monarchin, um sich festzuhalten. Er war erst dreiundvierzig, der jüngste Premierminister, den Großbritannien seit 1812 gehabt hatte, und die Königin übersah galant sein Stolpern. Um ihn zu beruhigen, erzählte sie ihm, dass er ihr zehnter Premierminister wäre. „Der erste war Winston. Aber das war lange vor Ihrer Zeit."

Sie war weniger beeindruckt von Tony Blairs Kampagne „Cool Britannia", bei der eine Welle jugendlicher Künstler in die Downing Street geladen wurde. Die Königin äußerte sich ihrer Kusine Margaret Rhodes gegenüber: „Armes Britannia. Es hätte gehasst, cool zu sein."

Blair nannte die Königin „ein Symbol der Einheit in einer unsicheren Welt … einfach das Beste, was Britannien hat." Er veröffentlichte 2010 seine Memoiren, in denen er einige Details seiner Unterhaltungen mit der Königin offenbarte. Sie soll angeblich geäußert haben, „tief enttäuscht" zu sein, und es spricht vielleicht Bände, dass er seit seinem Ausscheiden aus dem Amt nicht zum Ritter geschlagen wurde.

Inzwischen ist die Königin eine Veteranin der wöchentlichen Treffen mit ihren Premierministern und sagt über sie: „Sie legen eine Last ab. Es ist ein schöner Gedanke, dass man als eine Art Schwamm fungiert." Sie hat auch gestanden, dass beim Zuhören „einige Dinge bleiben und andere zu einem Ohr rein- und zum anderen wieder rausgehen."

Prinz Philips Urteil zur Rolle seiner Frau ist, dass „sich alle an sie wenden, weil sie die Regentin ist. Wenn man einen König oder eine Königin hat, dann gibt es eben bestimmte Dinge, mit denen sich die Menschen automatisch an die Königin wenden. Doch wenn die Königin zudem noch *The Queen* ist, dann kommen sie mit allem zu ihr. Sie wird so viel mehr gefragt, als sie sonst gefragt würde."

Literaturverzeichnis

Airlie, Mabell, *Thatched with Gold: The Memoirs of Mabell, Countess of Airlie* (Hutchinson, 1962)

Arscott, David, *Queen Elizabeth II, Diamond Jubilee, 60 Years a Queen: A Very Peculiar History* (Book House, 2012)

Balding, Ian, *Making the Running: A Racing Life* (Headline, 2005)

Bedell Smith, Sally, *Elizabeth the Queen: The Life of a Modern Monarch* (Penguin Random House, 2012)

Blair, Tony, *A Journey* (Hutchinson, 2010)

Botham, Noel and Montague, Bruce, *The Book of Royal Useless Information* (John Blake Publishing, 2012)

Bradford, Sarah, *Elizabeth: A Biography of Her Majesty the Queen* (Booksales, 2002)

Brandreth, Gyles, *Philip and Elizabeth: Portrait of a Marriage* (Arrow Books, 2004)

Burrell, Paul, *A Royal Duty* (Penguin, 2004)

Carey, George, *Know the Truth: A Memoir* (HarperCollins Publishers, 2004)

Churchill, Winston and Churchill, Clementine, *Speaking for Themselves: The Personal Letters of Winston and Clementine Churchill*, ed. Mary Soames (Black Swan, 1999)

Clarke, Stephen, *Elizabeth II: Queen of Laughs* (Stephen Clarke, 2018)

Crawford, Marion, *The Little Princesses* (Orion, 2003)

Crosland, Susan, *Tony Crosland* (Jonathan Cape, 1982)

Crossman, Richard, *The Crossman Diaries*, ed. Anthony Howard (Hamish Hamilton/Jonathan Cape, 1976)

Dampier, Phil and Walton, Ashley, *What's in the Queen's Handbag and Other Royal Secrets* (Book Guild Publishing, 2007)

Dolby, Karen, *The Wicked Wit of Queen Elizabeth II* (Michael O'Mara Books, 2015)

Hardman, Robert, *Monarchy: The Royal Family at Work* (Ebury, 2007)

Hardman, Robert, *Queen of the World* (Century, 2018)

Heald, Tim, The Duke: A Portrait of Prince Philip (Hodder & Stoughton, 1991)

Hennessy, Peter, *Having it So Good: Britain in the Fifties* (Allen Lane, 2006)

Hoey, Brian, *At Home with the Queen: The Inside Story of the Royal Household* (HarperCollins, 2002)

Hoey, Brian, N*ot in Front of the Corgis: Secrets of Life Behind the Royal Curtains* (The Robson Press, 2011)

Johnstone-Bryden, Richard, *The Royal Yacht Britannia: The Official History* (Conway Maritime Press, 2003)

Junor, Penny, *The Firm: The Troubled Life of the House of Windsor* (HarperCollins, 2011)

Lacey, Robert, Royal: *Her Majesty Queen Elizabeth II* (Little Brown, 2002)

Lascelles, Sir Alan, *King's Counsellor: Abdication and War: The Diaries of Sir Alan Lascelles*, ed. Duff Hart-Davis (Phoenix, 2007)

Leibovitz, Annie, *At Work* (Phaidon Press, 2018)

Longford, Elizabeth, *Elizabeth R: A Biography* (Weidenfeld & Nicolson, 1983)

Major, John, *The Autobiography* (HarperCollins, 1999)

Marr, Andrew, *The Diamond Queen: Elizabeth II and Her People* (Macmillan UK, 2011)

Moore, Charles, *Margaret Thatcher: The Authorized Biography, Volumes One and Two* (Allen Lane, 2013 and 2015)

Muscat, Julian, *Her Majesty's Pleasure: How Horseracing Enthrals the Queen* (Racing Post Books, 2012)

Obama, Michelle, *Becoming* (Viking, 2018)

Parker, Michael, *It's All Going Terribly Wrong: The Accidental Showman* (Benefactum Publishing, 2013)

Petrella, Kate, *Royal Wisdom: The Most Daft, Cheeky and Brilliant Quotes from Britain's Royal Family* (Adams Media, 2011)

Pimlott, Ben, *The Queen: Elizabeth II and the Monarchy* (HarperPress, 2012)

Reagan, Ronald, *The Reagan Diaries* (HarperCollins, New York, 2007)

Rhodes, Margaret, *The Final Curtsey: A Royal Memoir by the Queen's Cousin* (Birlinn Ltd and Umbria Press, 2012)

Roberts, Monty, *The Man Who Listens to Horses* (Hutchinson, 1996)

Seward, Ingrid, *My Husband and I: The Inside Story of 70 Years of the Royal Marriage* (Simon and Schuster, 2017)

Sinclair, Marianne and Litvinoff, Sarah (ed.), *The Wit and Wisdom of the Royal Family: A Book of Royal Quotes* (Plexus Publishing, 1990)

www.allgreatquotes.com

www.bbc.co.uk

www.biography.com

www.brainyquote.com

www.britroyals.com

www.dailymail.co.uk

www.express.co.uk

www.facebook.com/TheBritishMonarchy

www.famousquotesandauthors.com

www.guardian.co.uk

www.hellomagazine.com

www.huffingtonpost.com

www.independent.co.uk

www.inews.co.uk

www.itv.com

www.majestymagazine.co.uk

www.mirror.co.uk

www.news.sky.com/uk

www.nytimes.com

www.radiotimes.com

uk.reuters.com

www.royal.uk

www.royal.gov.uk

www.saidwhat.co.uk

www.scotsman.com

www.telegraph.co.uk

www.thesun.co.uk

www.thetimes.co.uk

www.thinkexist.com

www.time.com

www.timesonline.co.uk

www.trueroyalty.tv

www.vanityfair.com

www.vice.com

www.vox.com

en.wikipedia.org

www.yorkshirepost.co.uk

Bildnachweise